Su Nandar Aung

Índice híbrido para pesquisa de palavras-chave aproximada por intervalo em bases de dados espaciais

Su Nandar Aung

Índice híbrido para pesquisa de palavras-chave aproximada por intervalo em bases de dados espaciais

ScienciaScripts

Imprint

Any brand names and product names mentioned in this book are subject to trademark, brand or patent protection and are trademarks or registered trademarks of their respective holders. The use of brand names, product names, common names, trade names, product descriptions etc. even without a particular marking in this work is in no way to be construed to mean that such names may be regarded as unrestricted in respect of trademark and brand protection legislation and could thus be used by anyone.

Cover image: www.ingimage.com

This book is a translation from the original published under ISBN 978-3-330-34578-2.

Publisher:
Sciencia Scripts
is a trademark of
Dodo Books Indian Ocean Ltd. and OmniScriptum S.R.L publishing group

120 High Road, East Finchley, London, N2 9ED, United Kingdom
Str. Armeneasca 28/1, office 1, Chisinau MD-2012, Republic of Moldova, Europe
Printed at: see last page
ISBN: 978-620-7-60872-0

CAPÍTULO 1
INTRODUÇÃO

Com a popularidade de serviços geográficos como o GPS, o Google Earth, o Google Map e o Yahoo Maps, as consultas em bases de dados espaciais tornaram-se cada vez mais importantes nos últimos anos. Para além das consultas espaciais, como as consultas de vizinho mais próximo, as consultas de intervalo, as consultas agregadas de vizinho mais próximo e as junções espaciais, as consultas sobre objectos espaciais associadas à pesquisa de informações textuais estão a tornar-se cada vez mais populares nos motores de pesquisa comerciais.

Uma base de dados espaciais gere objectos geométricos, como pontos, rectângulos, etc. Na realidade, um objeto espacial é frequentemente acompanhado de uma descrição textual: por exemplo, o nome do hotel, o tipo de restaurantes, as especialidades ambulatórias de um hospital, etc. Em muitas aplicações, os utilizadores precisam de pesquisar com predicados espaciais e textuais, o que se designa por pesquisa espacial por palavra-chave. Por exemplo, as páginas amarelas em linha permitem que os utilizadores especifiquem as palavras-chave necessárias, incluindo um endereço, e devolvam as empresas cuja descrição contenha essas palavras-chave semelhantes, ordenadas pela sua distância à localização do endereço especificado. Outro exemplo, os sítios Web de imobiliárias permitem aos utilizadores procurar propriedades com palavras-chave específicas na sua descrição, perto da sua localização. À medida que os dados na Web aumentam de tamanho, ficam disponíveis informações locais cada vez mais pormenorizadas, tornando a pesquisa geográfica na Web mais útil. Além disso, a informação específica do local é comum na Web. Muitas pesquisas na Web permitem aos utilizadores restringir as consultas de texto a uma localização geográfica. Em especial, os utilizadores e os conteúdos da Web estão cada vez mais geo-posicionados e geo-codificados. Ao mesmo tempo, as descrições textuais de pontos de interesse, por exemplo, cafés e restaurantes, estão cada vez mais disponíveis na Web.

A forma de indexar e pesquisar eficazmente informações específicas sobre a localização é um problema fundamental para os motores de pesquisa baseados na localização. Uma abordagem simples consiste em tratar as palavras geográficas que representam informações de localização como palavras-chave comuns e recuperar páginas Web com nomes de localização especificados da mesma forma que a correspondência de palavras-chave. Contudo, a simples correspondência de palavras-chave negligencia as relações espaciais subjacentes, pelo que não permite efetuar consultas espaciais avançadas. Para resolver o problema, é necessário conceber uma estrutura de índice eficiente que tenha em conta as texturas espaciais e textuais das páginas Web.

1.1 Índice combinado espacial e de texto

Nos últimos anos, foram propostos vários tipos de índices geo-textuais para consultas espaciais por palavra-chave. Os índices geo-textuais combinam a indexação espacial e a indexação de texto. Classificamos os índices de acordo com a forma como combinam os dois, nomeadamente combinação solta texto-primeiro, combinação solta espaço-primeiro e combinação apertada [43]. Idealmente, uma solução de estrutura de índice escalável deve satisfazer três requisitos:

(i)   O índice requer um baixo custo de manutenção e deve ser eficiente para operações de inserção muito frequentes,

(ii) O índice mostra a utilização efectiva do armazenamento.

(iii) O índice responde às consultas de forma eficiente.

Nas soluções mais recentes, a mais popular consiste em incorporar o índice invertido na árvore R e nas suas variantes, designadas por árvore IR [46] [79] [28]. Nestes índices, é mantida uma árvore R centralizada para capturar a informação espacial global. A árvore IR pode tirar partido da informação espacial e textual simultaneamente na fase de poda. Ao examinar um nó da árvore, podemos calcular a sua pontuação limite superior utilizando o peso máximo do termo de consulta e a distância espacial mínima. Se o valor do limite superior for inferior à melhor pontuação atual, o nó pode ser podado. No entanto, ao lidar com um grande conjunto de dados, a árvore IR sofre de dois inconvenientes principais. Em primeiro lugar, como os objectos de dados na árvore R se podem sobrepor e cobrir uns aos outros, o processo de pesquisa na árvore R pode sofrer de visitas desnecessárias aos nós e de custos de IO mais elevados. Em segundo lugar, as árvores IR têm um custo de atualização elevado. Cada nó tem de manter um índice invertido para todas as palavras-chave dos documentos associados ao MBR desse nó. Quando um nó está cheio e é dividido em dois novos nós, toda a informação textual no nó tem de ser reorganizada. Como a árvore R precisa de ser reorganizada, os custos de CPU são mais elevados [75].

Nesta investigação, é proposta uma estrutura de índice híbrida eficiente para consultas de palavras-chave espaciais. Criamos um índice geo-textual usando a árvore kd para dados espaciais e depois combinando dados textuais que correspondem a cada nó da árvore kd. O tempo de construção do índice demora alguns milhões de segundos porque a kd-tree não precisa de ser ajustada e reorganizada quando o índice é construído para a relevância da localização e do texto. Além disso, a kd-tree baseia-se na técnica de partição de pontos, não tem área de cobertura, área morta e sobreposição que podem causar custos mais elevados de IO e CPU e visitas desnecessárias aos nós. Além disso, esta investigação também tem em conta as inconsistências e os erros da palavra-chave digitada pelo utilizador, utilizando o método de correspondência aproximada de cadeias de caracteres. Em seguida, avalia o tempo de pesquisa do sistema proposto com base na entrada do utilizador para a consulta. Nas experiências, pode verificar-se que a utilização da estrutura de índice proposta é mais rápida do que a estrutura de índice que combina a árvore R ou as suas variantes e o índice invertido.

Para criar a estrutura de índice proposta, este sistema começa por recolher os pontos de dados necessários que contêm a latitude, a longitude, o nome, o endereço e o número de telefone de cada ponto a partir do Google Earth e, em seguida, cria uma estrutura de índice híbrida. Este sistema pretende que o utilizador da Web encontre todos os objectos dentro do intervalo definido pelos utilizadores que contenham as palavras-chave necessárias para os utilizadores.

Neste sistema, a informação detalhada é armazenada na base de dados espacial e esta informação detalhada é recuperada para os resultados finais em função dos pontos exactos da estrutura de índice geo-textual. De acordo com as experiências efectuadas com o próprio conjunto de dados, a estrutura de índice proposta pode reduzir o tempo de pesquisa. O tempo total de pesquisa a partir da estrutura de índice proposta para todos os pontos que satisfazem os requisitos dos utilizadores é muito inferior ao tempo que recupera apenas alguns pontos que são filtrados a partir do índice proposto para os resultados finais da base de dados.

1.2 Objectivos da tese

Este sistema pretende desenvolver uma estrutura de índice geo-textual híbrida para consultas de palavras-chave espaciais e responder de forma correcta e aproximada à palavra-chave pretendida pelo utilizador. O principal objetivo da criação de uma estrutura de índice geo-textual é responder aos resultados pretendidos de forma rápida e correcta num período de tempo mínimo.

Os principais objectivos desta tese são os seguintes;
- Para criar um índice geo-textual para todos os objectos numa base de dados espacial.
- Para processar eficazmente as consultas de palavras-chave espaciais.
- Corrigir as inconsistências da palavra-chave introduzida pelo utilizador e encontrar a palavra-chave aproximada para o erro de digitação do utilizador.
- Para reduzir o tempo de pesquisa diretamente a partir da base de dados.
- Para encontrar todos os objectos dentro do intervalo definido pelo utilizador que contenha a palavra-chave necessária (consulta de palavra-chave de intervalo).

1.3 Contribuições da tese

A principal contribuição é a criação de uma estrutura de índice que combina a árvore K-D e os dados textuais para processar eficazmente as consultas de palavras-chave espaciais num tempo mínimo. O algoritmo de pesquisa por palavra-chave e intervalo aproximado é desenvolvido para explorar todos os objectos dentro de um determinado intervalo com a palavra-chave requerida pelo utilizador. O sistema pode corrigir as inconsistências da palavra-chave introduzida pelo utilizador utilizando a correspondência aproximada de cadeias de caracteres da distância de Hamming modificada. É criado um conjunto de dados próprio para a região de Rangum que contém a latitude, a longitude, o nome dos serviços famosos (palavras-chave), o endereço e o número de telefone.

CAPÍTULO 2
REVISÃO DA LITERATURA

Este capítulo descreve os trabalhos existentes relacionados com o âmbito da tese. Neste capítulo, a pesquisa espacial por palavra-chave, a pesquisa na Web baseada na localização (ou) a pesquisa espacial na Web, a pesquisa por intervalo e a pesquisa por palavra-chave aproximada, principalmente em bases de dados espaciais, também são abordadas em pormenor.

2.1 Pesquisa espacial por palavra-chave

A pesquisa espacial por palavra-chave é uma ferramenta importante na exploração de informações úteis de uma base de dados espacial e tem sido estudada há anos. Uma consulta por palavra-chave espacial recupera objectos que se encontram perto da localização da consulta e que correspondem às palavras-chave da consulta. Os resultados são normalmente classificados de acordo com uma função de pontuação que considera tanto a proximidade espacial como a pontuação de relevância da palavra-chave. A relevância espacial é medida pela distância entre a localização associada ao documento candidato e a localização da consulta, e a relevância textual é considerada textualmente relevante para uma consulta se o objeto contiver as palavras-chave consultadas. Para responder a esta consulta, muitos investigadores propuseram recentemente estruturas de índices.

A pesquisa por palavras-chave em bases de dados espaciais [25] propôs uma estrutura de indexação designada IR^2 -Tree (Information Retrieval R-tree) que combina uma R-Tree com assinaturas de texto sobrepostas. Esta investigação apresenta algoritmos que constroem e mantêm uma IR^2 -Tree e a utilizam para responder a consultas de topo-k por palavras-chave espaciais. No momento da consulta, esta investigação utiliza um algoritmo incremental para produzir os melhores resultados da consulta. Na IR^2 -Tree, o conteúdo textual de todos os objectos espaciais é adicionado a cada nó da árvore para denotar o conteúdo textual de todos os objectos espaciais na subárvore. Cada nó de um IR^2 -Tree contém informações espaciais e de palavras-chave. Nesta estrutura de índice é necessário espaço adicional para armazenar as assinaturas num nó IR^2 - Tree, pelo que tem de atribuir blocos de disco adicionais a um nó IR^2 -Tree quando necessário. Este facto tem um impacto menor no desempenho do IR^2 - Tree. A IR2-Tree pode ser utilizada para processar a consulta booleana kNN e a consulta booleana de intervalos. No entanto, uma vez que os ficheiros de assinatura não têm a informação de frequência, não pode ser utilizada para processar a consulta top-k kNN.

O processamento de consultas por palavras-chave espaciais (SK) em sistemas de recuperação de informação geográfica (GIR) [36] propôs uma estrutura para sistemas de recuperação de informação geográfica e centrou-se em estratégias de indexação que podem processar eficientemente consultas por palavras-chave espaciais ou consultas SK. Nesta investigação, abordaram um motor de pesquisa construído sobre centenas de milhares de bases de dados de Sistemas de Informação Geográfica (SIG) publicamente disponíveis. O principal objetivo desta investigação é desenvolver uma estrutura de índice híbrida denominada Keyword-R*-Tree, KR*-tree, que visa reduzir o estrangulamento do desempenho através da combinação de informações espaciais e textuais de uma forma significativa. Esta investigação considerou consultas SK com semântica AND semelhante a consultas de palavras-chave conjuntivas para a parte textual, utilizando a estrutura de índice proposta KR*-tree. Na árvore proposta, foi capturada a distribuição conjunta de palavras-chave e, por conseguinte, os IDs de objectos que contêm as palavras-chave da consulta são obtidos diretamente sem fundir quaisquer listas. Estas características melhoram consideravelmente o desempenho da árvore KR* na resposta a consultas SK. No entanto, embora tenham explorado a distribuição conjunta de palavras-chave no espaço, o outro lado da questão é o que encontraram como problema de dispersão de palavras-chave. Descreveram também uma estrutura para o sistema GIR e o modo como as suas estratégias de indexação se podem enquadrar bem na estrutura no contexto de diferentes aplicações, desde a pesquisa na Web até ao sistema de apoio à decisão GIS. A árvore KR* é proposta para processar a consulta de intervalos booleanos. A árvore KR* também pode ser utilizada para processar a consulta booleana kNN. No entanto, não se vê uma forma sensata de aplicar esta estrutura de índice para processar a consulta kNN top-k.

Baseado no ficheiro invertido e na árvore R, J. B. Rocha-Junior [76] propôs um índice chamado S2I que emprega duas estratégias diferentes para indexar itens frequentes e termos infrequentes. Especificamente, o S2I mapeia objectos que contêm cada termo frequente para uma árvore R agregada (árvore aR). Na árvore R agregada, cada nó armazena um valor agregado que capta o impacto máximo (em termos da pontuação de relevância do texto) do termo nos objectos da subárvore com raiz no nó. A árvore aR pode ser considerada como a árvore IR para um único termo. O S2I organiza os termos pouco frequentes e os objectos que os contêm por ficheiro invertido, e cada lista de lançamento de um termo é organizada por blocos de tamanho fixo. Os objectos são armazenados de forma diferente de acordo com a frequência documental do termo e podem ser recuperados eficientemente por ordem decrescente de relevância da palavra-chave e proximidade espacial. O limiar para distinguir termos frequentes de termos pouco frequentes tem de ser definido empiricamente. O S2I foi originalmente concebido para a consulta top-k kNN, mas pode ser utilizado para suportar a consulta booleana kNN e a consulta booleana por intervalo.

O processamento conjunto de consultas espaciais top-k por palavra-chave [91] estudou o processamento eficiente e conjunto de múltiplas consultas espaciais top-k. Este tipo de processamento conjunto é atrativo em caso de grandes cargas de consultas e também ocorre quando são utilizadas múltiplas consultas para ofuscar a verdadeira consulta de um utilizador. Esta investigação formulou o problema do processamento conjunto de consultas espaciais top-k com palavras-chave e identificou aplicações, propôs um algoritmo genérico baseado em grupos para o processamento conjunto de consultas top-k com palavras-chave espaciais que partilha eficazmente o processamento entre consultas e também introduziu um algoritmo básico e propôs uma nova estrutura de índices para o processamento eficiente de consultas, denominada W- IR-Tree, que utiliza as mesmas estruturas de dados que a IR-tree, mas é construída de forma diferente utilizando a partição de palavras. A WIR-tree é também uma variante da IR-tree. O seu objetivo é dividir os objectos em vários grupos, de modo a que cada grupo partilhe o menor número possível de palavras-chave. Após a partição, cada grupo de objectos torna-se o nó folha da árvore WIR. Em seguida, a árvore é construída seguindo a estrutura da árvore IR. Quando utilizada para o processamento de consultas booleanas, a árvore WIR utiliza o mapa de bits invertido para substituir o ficheiro invertido, que é designado por árvore WIBR, em que a posição de um mapa de bits corresponde à posição relativa de uma entrada no seu nó da árvore WIR. O comprimento de um mapa de bits é igual ao fan out de um nó. Tal como a IR-tree, a WIR-tree pode tratar os três tipos de consulta: consulta booleana kNN, consulta booleana de intervalo e consulta top-k kNN.

Os serviços baseados na localização (LBS) têm sido amplamente aceites pelos utilizadores móveis. Muitos utilizadores de LBS exigem uma pesquisa orientada para a direção, ou seja, as respostas devem estar na direção da pesquisa. Ainda não existia qualquer investigação disponível que investigasse a pesquisa com consciência de direção. Para resolver este problema, é proposto um método de pesquisa por palavra-chave espacial com consciência de direção [52] que suporta inerentemente a pesquisa com consciência de direção, concebeu novas estruturas de indexação com consciência de direção para eliminar direcções desnecessárias, desenvolveu técnicas de eliminação eficazes e algoritmos de pesquisa para responder eficazmente a uma consulta com consciência de direção, propôs responder de forma incremental a uma consulta, uma vez que os utilizadores podem alterar dinamicamente as suas direcções de pesquisa. A consulta por palavra-chave espacial sensível à direção toma como argumentos um ponto espacial, uma direção e um conjunto de palavras-chave. Encontra k vizinhos espacialmente mais próximos da consulta, desde que estejam na direção da consulta e contenham todas as palavras-chave da consulta.

Uma estrutura de índice híbrida para pesquisas geo-textuais [30] propôs uma abordagem baseada em árvores R para consultas que abordam condições de filtragem textuais e geográficas. As árvores R são mantidas para determinados subconjuntos do conjunto de termos e, em cada uma dessas árvores R, são utilizados conjuntos de bits nos nós para indicar se as entradas para os termos associados aos bits individuais podem ser encontradas na sub-árvore correspondente. Esta estrutura de índice tinha como objetivo ser eficiente em termos de tempo e espaço. Esta investigação propôs uma abordagem que exclui das listas os termos que ocorrem apenas em alguns documentos. A estrutura de indexação proposta contém três componentes: no nível superior, existe um índice invertido global; para os termos mais frequentes, são mantidas zero, uma ou mais árvores R estendidas e, finalmente, para cada posição pontual mantida nos nós folha das árvores R, é mantido um índice invertido local que gere todos os documentos para essa posição. Esta estrutura mantém listas invertidas clássicas para os itens raros e árvores R adicionais para os termos mais frequentes. Para melhorar a seletividade da estrutura, são mantidas listas de bits em cada nó para indicar se os documentos que contêm os termos correspondentes podem ser encontrados na respectiva sub-árvore.

Na era dos grandes volumes de dados, todos os dias são geradas enormes quantidades de documentos espaciais através de vários serviços baseados na localização. A pesquisa por palavras-chave espaciais top-k é uma abordagem importante para explorar informações úteis de uma base de dados espaciais. Recupera k documentos com base numa função de classificação que tem em conta tanto a relevância textual como a relevância espacial. A pesquisa escalável top-k por palavras-chave espaciais [101] propôs um índice invertido integrado denominado I^3, que utiliza a estrutura de árvore Quad para dividir hierarquicamente o espaço de dados em células. Esta estrutura de índice I^3 armazena informações resumidas da célula da palavra-chave para poda. A unidade básica do I^3 é a célula de palavra-chave, que capta a localidade espacial de uma palavra-chave. Conceberam um mecanismo de armazenamento uniforme para palavras-chave frequentes e pouco frequentes. Para a poda, criaram um ficheiro de cabeça associado para armazenar informações resumidas para uma célula de palavra-chave densa. Esta investigação estudou a semântica AND e a semântica OR para a consulta de palavras-chave espaciais.

2.2 Pesquisa de alcance

As bases de dados espaciais estão a ganhar importância e a tornar-se predominantes em numerosas aplicações. Os sistemas de informação geográfica (SIG), a navegação/posicionamento, o processamento de imagens, a demografia, a epidemiologia, a análise do terreno, a exploração mineira, o planeamento militar e a logística, a conceção assistida por computador e a robótica são apenas alguns dos domínios que podem beneficiar das bases de dados espaciais. Há várias consultas interessantes que podem ser feitas a uma base de dados espaciais. Estas incluem consultas de intervalo (seleção de itens que se sobrepõem a uma determinada janela de consulta), consultas de vizinhança mais próxima, junções e outras consultas topológicas. De entre estas, a pesquisa de intervalos é, talvez, a mais comum e tem sido amplamente utilizada. A pesquisa de intervalos surge em muitas aplicações.

Há vários problemas estreitamente relacionados com a pesquisa de intervalos, sobre os quais tem havido uma investigação considerável. No futuro, estes métodos poderão ser aplicados de forma útil ao problema da procura de intervalos. O problema de encontrar todos os pontos dentro de um raio fixo de um dado ponto é discutido por J. L. Bentley [12]. O problema para o caso especial da métrica L é investigado por G. Yuval [100] e J. L. Bentley [13]. O problema de encontrar os k vizinhos mais próximos de um ponto num ficheiro de N pontos é discutido em [27]. Os problemas de dominação estão intimamente relacionados com a procura de alcance; diz-se que um ponto domina outro se todas as suas coordenadas forem maiores. A determinação de se um dado ponto é dominado por qualquer outro ponto é discutida em [10]. O cálculo do número de pontos que um dado ponto domina é investigado em [9], que é a distribuição empírica cumulativa avaliada no ponto.

Para objectos estáticos, tem-se trabalhado muito em consultas de pesquisa de intervalos na comunidade das bases de dados e da geometria computacional. A pesquisa ortogonal de intervalos é talvez um dos problemas mais estudados na comunidade da geometria computacional e das bases de dados, devido à sua vasta gama de aplicações. Neste caso, o conjunto de objectos são pontos situados num espaço d-dimensional e a consulta é uma caixa de consulta ortogonal paralela aos eixos. Tradicionalmente, os investigadores em geometria computacional têm-se interessado em encontrar soluções para este problema, com o objetivo de encontrar soluções eficientes para o tempo de consulta no pior dos casos, ou seja, garantir que o tempo de consulta é baixo para todos os valores possíveis da consulta. As mais populares são as árvores de intervalo e a árvore K-d. No domínio das bases de dados, foi proposto um número significativo de estruturas de índices para responder a uma consulta ortogonal de gama.

Consultas de intervalo em objectos móveis No domínio das bases de dados de objectos móveis, tem-se trabalhado na indexação de objectos móveis que podem responder a consultas de intervalo ou a consultas de janela. No entanto, a maioria destes trabalhos assume que os objectos têm um movimento bidimensional sem restrições. Consultas de alcance em redes espaciais O trabalho em [89] apresenta a primeira estrutura de índice conhecida e algoritmos para consultas espaciais, tais como consultas de alcance, vizinhos mais próximos, junções espaciais e pares mais próximos, utilizando a distância da rede em vez da distância euclidiana. Para a consulta da gama, foram propostos dois algoritmos: a) Range Euclidean Restriction (RER) e b) Range Network Expansion (RNE), que afirmam tratar as consultas da gama com base na distância da rede, mas não fornecem quaisquer limites teóricos fortes para o espaço e os requisitos de tempo de consulta.

2.3 Pesquisa aproximada de palavras-chave em bases de dados espaciais

Várias aplicações exigem que se encontrem objectos mais próximos de um local especificado que contenha um conjunto de palavras-chave. Nestes sistemas, podem existir inconsistências e erros tanto nas consultas como nos dados e os utilizadores podem ter dificuldade em encontrar as entidades que procuram se não souberem a sua ortografia exacta, como o nome de um restaurante. Para fazer a ponte entre as consultas e os dados, é importante apoiar a pesquisa aproximada de palavras-chave nos dados espaciais. A pesquisa aproximada de cadeias de caracteres é necessária quando os utilizadores têm uma condição de pesquisa difusa, ou um erro ortográfico ao submeter a consulta, ou quando as cadeias de caracteres na base de dados contêm algum grau de incerteza ou erro. No contexto das bases de dados espaciais, a pesquisa aproximada de cadeias de caracteres pode ser combinada com qualquer tipo de consulta espacial.

A pesquisa aproximada de cadeias de caracteres em bases de dados espaciais [94] apresentou uma estrutura de índice, MHR-árvore, que tem em conta a capacidade potencial de poda proporcionada pelo predicado de correspondência de cadeias de caracteres e pelo predicado espacial em simultâneo para responder a consultas de pesquisa aproximada de cadeias de caracteres (SAS) em grandes bases de dados espaciais. A árvore MHR baseia-se na árvore R aumentada com a assinatura min-wise em cada nó para representar de forma compacta a união dos gramas contidos nos objectos dessa sub-árvore e a técnica de hashing linear. Esta árvore MHR suporta uma vasta gama de predicados de consulta de forma eficiente, incluindo consultas de gama e de vizinho mais próximo. Discutiram também como estimar com precisão a seletividade das consultas de gama. Apresentaram um algoritmo adaptativo para encontrar partições equilibradas utilizando tanto a informação espacial como a informação de cadeia armazenada na árvore. A principal vantagem desta abordagem é o facto de o tamanho do índice não necessitar de muito espaço, uma vez que as assinaturas mínimas são muito pequenas. No entanto, o método pode falhar respostas a consultas devido à natureza probabilística das assinaturas.

Apoio a consultas por palavras-chave aproximadas baseadas na localização [3] estudou a forma de apoiar a pesquisa por palavras-chave aproximadas em dados espaciais.

Centraram-se numa estrutura de índice natural que aumenta um índice espacial baseado em árvore, como R*-tree, R-tree, kd-tree, Quad-tree, etc., com capacidades de pesquisa aproximada de palavras-chave. Estudaram sistematicamente a forma de combinar eficazmente estes dois tipos de índices e de pesquisar o índice resultante (denominado LBAK-tree) para encontrar respostas. Utilizaram um índice invertido baseado em grelhas para efetuar uma pesquisa aproximada de cadeias de caracteres.

A pesquisa eficiente de estimativas de cadeias de caracteres em bases de dados espaciais [84] teve como objetivo a aplicação de consultas de intervalos aumentadas com um predicado de pesquisa de semelhanças de cadeias de caracteres tanto no espaço euclidiano como em redes de estradas. Esta investigação propôs uma solução aproximada, a árvore MHR, que incorpora assinaturas mínimas numa árvore R. A assinatura min-wise de um nó de índice mantém uma representação concisa da união de q-gramas de cadeias de caracteres na sub-árvore do nó de índice. Discutiram a forma de estimar a seletividade de uma consulta de pesquisa espacial aproximada no espaço euclidiano, para a qual apresentaram um novo algoritmo adaptativo para encontrar partições equilibradas utilizando as informações espaciais e de cadeia armazenadas na árvore. Para consultas em redes rodoviárias, propuseram um novo método exato, RSASSOL, que combina as listas invertidas baseadas em q-gramas e a poda baseada em nós de referência.

A pesquisa espacial aproximada de preferências de qualidade [42] estudou a consulta aproximada de preferências espaciais que classifica os objectos com base nas qualidades das características na sua vizinhança espacial. Nesta investigação, é feito um estudo de um tipo interessante de consultas de preferência espacial aproximada por cadeia de caracteres, que selecciona a melhor localização espacial em função da qualidade das instalações na sua vizinhança espacial.

CAPÍTULO 3
CONTEXTO TEÓRICO DA BASE DE DADOS ESPACIAIS

Este capítulo descreve a teoria de base da base de dados espaciais. O capítulo aborda a estrutura básica, os conceitos básicos e as principais características do sistema de gestão de bases de dados. Descreve também a informação detalhada sobre a base de dados espaciais, o sistema de gestão de bases de dados espaciais (SDBMS), a utilidade e o tipo de índices espaciais e as consultas espaciais.

3.1 Sistema de gestão de bases de dados

Um sistema de gestão de bases de dados (SGBD) é uma aplicação informática que interage com o utilizador, com outras aplicações e com a própria base de dados para captar e analisar dados. Um SGBD de uso geral é concebido para permitir a definição, criação, consulta, atualização e administração de bases de dados. Os SGBD mais conhecidos são o MySQL, o PostgreSQL, o Microsoft SQL Server, o Oracle, o Sybase e o IBM DB2. Uma base de dados não é geralmente portável entre diferentes SGBD, mas diferentes SGBD podem interoperar utilizando normas como SQL e ODBC ou JDBC para permitir que uma única aplicação funcione com mais de um SGBD. Os sistemas de gestão de bases de dados são frequentemente classificados de acordo com o modelo de base de dados que suportam; os sistemas de bases de dados mais populares desde os anos 80 suportam o modelo relacional representado pela linguagem SQL. Por vezes, um SGBD é vagamente designado por base de dados [75].

Uma base de dados é uma grande coleção de dados inter-relacionados armazenados num ambiente informático. Nestes ambientes, os dados são persistentes, o que significa que sobrevivem a problemas inesperados de software ou hardware (exceto em casos graves de falhas de disco). Tanto o grande volume de dados como a persistência, duas das principais características das bases de dados, contrastam com a informação manipulada pelas linguagens de programação, cujo volume é suficientemente pequeno para residir na memória principal e que desaparece quando o programa termina.

As aplicações tradicionais das bases de dados incluem a gestão de pessoal, stocks, reservas de viagens e serviços bancários. Nos últimos 15 anos, surgiram muitas aplicações "não normalizadas", entre as quais bases de dados espaciais, imagens, conceção e fabrico assistidos por computador (CAD/CAM), bases de dados textuais, engenharia de software e bioinformática.

Uma base de dados pode ser vista como um ou vários ficheiros armazenados num dispositivo de memória externo, como um disco. Embora seja possível escrever aplicações que acedam diretamente a esses ficheiros, essa arquitetura levantaria uma série de problemas relacionados com a segurança, a concorrência e a complexidade da manipulação dos dados. Um SGBD é um conjunto de software que gere a estrutura da base de dados e controla o acesso aos dados armazenados numa base de dados. Em termos gerais, um SGBD facilita o processo de

- *Definir* uma base de dados, ou seja, especificar os tipos de dados, as estruturas e as restrições a ter em conta.

- *Construir* a base de dados; ou seja, armazenar os próprios dados em armazenamento persistente
- *Manipulação* da base de dados.
- *Consulta* da base de dados para obter dados específicos.
- *Atualização da* base de dados (alteração de valores).

A figura 3.1 mostra um ambiente simplificado de um sistema de base de dados. Ilustra a forma como um SGBD actua como mediador entre os utilizadores ou programas de aplicação e os dispositivos onde residem os dados. O software do SGBD é composto por duas partes. A parte superior processa a consulta do utilizador. A parte inferior permite aceder aos dados propriamente ditos (designados por "base de dados armazenada" na figura) e aos metadados necessários para compreender a definição e a estrutura da base de dados.

Um SGBD assenta no conceito fundamental de *independência dos dados*. Os utilizadores interagem com uma representação de dados independentemente do armazenamento *físico* real e o SGBD encarrega-se de traduzir as manipulações do utilizador em operações eficientes nas estruturas físicas de dados. Note-se que isto é muito diferente do processamento de ficheiros, em que a estrutura de um ficheiro, juntamente com as operações sobre esse ficheiro, estão incorporadas num programa de acesso.

Este mecanismo é possível através da utilização de diferentes *níveis de abstração*. É habitual na comunidade das bases de dados distinguir três níveis num ambiente de base de dados. O nível *físico* trata das estruturas de armazenamento, o *nível lógico* define a representação dos dados proposta ao utilizador e o *nível externo* corresponde a uma visão parcial da base de dados fornecida numa determinada aplicação.

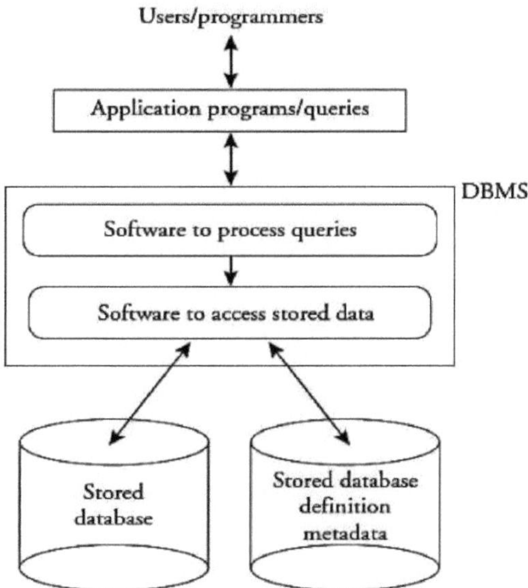

Figura 3.1 Um ambiente simplificado de sistema de base de dados

A distinção entre representações físicas e lógicas é um elemento central no domínio das bases de dados. Isto separa claramente as tarefas dedicadas ao sistema da representação simplificada e da funcionalidade de manipulação oferecida ao utilizador. A nível lógico, a primeira tarefa consiste em definir o esquema da base de dados que descreve a estrutura das informações geridas pela aplicação, bem como as restrições a respeitar pelos dados na base de dados. Uma vez definido o esquema, os dados podem ser inseridos, actualizados, eliminados e consultados através de uma linguagem de consulta. As estruturas, restrições e operações específicas fornecidas por um SGBD dependem do modelo lógico de dados suportado por esse SGBD. Atualmente, o modelo de dados relacional é o mais utilizado.

3.2 Banco   de dados espaciais

Durante os últimos anos, as bases de dados tradicionais foram melhoradas para incluir dados referenciados espacialmente. Este tipo de dados é um componente essencial das aplicações existentes, como os Sistemas de Informação Geográfica (SIG), o Desenho Assistido por Computador (CAD), os sistemas de informação multimédia, o armazenamento de dados e o Sistema de Observação da Terra (EOS) da NASA.

As imagens de satélite são um exemplo proeminente de dados espaciais. Para extrair informação de uma imagem de satélite, esta tem de ser processada em relação a um quadro de referência espacial, possivelmente a superfície da Terra. Mas os satélites não são a única fonte de dados espaciais e a superfície da Terra não é o único quadro de referência. Um chip de silício pode ser, e muitas vezes é, um quadro de referência. Na imagiologia médica, o corpo humano actua como um quadro de referência espacial. De facto, mesmo uma transação de supermercado é um exemplo de dados espaciais se, por exemplo, for incluído um código postal. As consultas, ou comandos, efectuadas sobre dados espaciais são designadas consultas espaciais. Por exemplo, a consulta "Quais são os nomes de todas as livrarias com mais de dez mil títulos?" é um exemplo de consulta não espacial. Por outro lado, a consulta "Quais são os nomes de todas as livrarias num raio de 16 quilómetros do centro de Minneapolis?" é um exemplo de consulta espacial.

Os dados que residem nas bases de dados tradicionais são simples, consistindo em números, nomes, endereços, descrições de produtos, etc. Estes SGBD são muito eficientes para as tarefas para que foram concebidos. Por exemplo, uma consulta do tipo "Enumere os dez principais clientes, em termos de vendas, no ano de 2014" será respondida de forma muito eficiente por um SGBD, mesmo que a base de dados tenha de percorrer uma base de dados de clientes muito grande. A base de dados não percorrerá todos os clientes; utilizará um índice para restringir a pesquisa. Por outro lado, uma consulta relativamente simples como "Listar todos os clientes que residem num raio de cinquenta milhas da sede da empresa" confundirá a base de dados. Para processar esta consulta, a base de dados terá de transformar os endereços da sede da empresa e dos clientes num sistema de referência adequado, possivelmente latitude e longitude, em que as distâncias possam ser calculadas e comparadas. Em seguida, a base de dados terá de percorrer toda a lista de clientes, calcular a distância entre a empresa e o cliente e, se essa distância for inferior a cinquenta milhas, guardar o nome do cliente. Não será possível utilizar um índice para limitar a pesquisa, porque os índices tradicionais são incapazes de ordenar dados coordenados multidimensionais. Assim, uma consulta comercial simples e legítima pode fazer com que um SGBD entre numa espiral sem esperança. Por conseguinte, a necessidade de bases de dados adaptadas ao tratamento de dados espaciais e de consultas espaciais é imediata.

É necessário considerar quem pode beneficiar de um sistema de gestão de bases de dados espaciais? Profissionais de todos os sectores da vida têm de lidar com a gestão e um exemplo de uma consulta espacial relevante para o trabalho de cada um. Utilizador de telemóvel: onde fica a bomba de gasolina mais próxima? Há algum vendedor de comida para animais de estimação a caminho de casa? Comandante de campo do exército: Houve algum movimento significativo de tropas inimigas desde ontem à noite? Gestor de riscos de seguros: Quais são as casas com maior probabilidade de serem afectadas na próxima grande inundação nesta região? *Médico.* Com base na ressonância magnética deste doente, já tratámos alguém com uma doença semelhante? Biólogo molecular: A topologia do gene de biossíntese de aminoácidos no genoma encontra-se em qualquer outro mapa de características de sequência na base de dados? *Astrónomo*: Encontrar todas as galáxias azuis num raio de 2 arcmin de quasares. *Climatologista*: Como é que posso testar e verificar o meu novo modelo de aquecimento global? *Gestor de aprovisionamento empresarial*: Tendo em conta as tendências sobre o perfil dos nossos futuros clientes, quais são os melhores locais para construir armazéns de distribuição? *Especialista em transportes*: Como é que a rede rodoviária deve ser expandida para minimizar o congestionamento do tráfego? Especialista *em expansão urbana*: O desenvolvimento de novos terrenos urbanos não deve ser feito em detrimento de terrenos agrícolas ricos. *Proprietário de estância de esqui-.* Que montanhas da nossa propriedade são ideais para uma pista de esqui para principiantes? Agricultor: Como é que posso minimizar a utilização de pesticidas na minha exploração agrícola? *Estrangeiros*: Quais são os serviços de proximidade mais próximos dele? Que serviços existem a cerca de 1 km de distância? *Serviço de emergência*: Onde se localiza a pessoa que está a pedir ajuda? Qual é o melhor caminho para o alcançar? [62]

As bases de dados espaciais foram definidas como sistemas de bases de dados com um modelo e uma linguagem de consulta que suportam tipos de dados espaciais e fornecem indexação espacial e algoritmos eficientes para o processamento de consultas espaciais. Ao contrário da teoria clássica das bases de dados, em que o conteúdo das bases de dados é abstrato, nas bases de dados espaciais o conteúdo tem uma certa interpretação e aplicam-se as leis da geometria real. Esta interpretação induz a classes muito diversas de estruturas e manipulações de dados. As bases de dados espaciais não têm uma separação clara entre o que é tratado pelo sistema de gestão de bases de dados (SGBD) e o que é tratado pela aplicação informática. Por exemplo, nem sempre é claro se uma operação que encontra o caminho mais curto numa rede faz ou não parte do SGBD espacial. Consequentemente, não há consenso sobre quais as propriedades e características que devem fazer parte das linguagens de manipulação de dados espaciais. Nas bases de dados espaciais, a teoria sobre a informação espacial é utilizada para definir modelos de dados espaciais ou modelos geométricos. Os modelos de dados espaciais representam informações sobre o espaço real n-dimensional, um espaço que é infinito e não pode ser representado por um modelo de dados extensional. As operações nas bases de dados espaciais podem ou não depender do modelo de dados espaciais subjacente à representação dos dados, uma questão relacionada com o conceito de *genericidade* que foi introduzido nas bases de dados clássicas e depois aplicado no domínio das bases de dados espaciais.

Os sistemas de bases de dados espaciais consistem em dados sobre objectos e propriedades no mundo em função da sua localização. Estes sistemas lidam com diversos tipos de dados, desde características naturais a características criadas pelo homem, o que exige modelos específicos que captem a semântica dos dados espaciais e ofereçam também um elevado nível de abstração. A um nível abstrato, os objectos espaciais podem ser atómicos ou complexos. Os objectos espaciais atómicos são compostos por uma descrição e uma componente espacial e, por agregação, os objectos espaciais complexos são compostos por uma descrição e um conjunto de objectos espaciais (por exemplo, um clube desportivo pode ser composto por um campo desportivo, um campo de ténis, um ginásio, etc.) [6]. As aplicações de informação espacial, em especial as aplicações geoespaciais, diferem das aplicações de dados tradicionais pelas seguintes razões

- A informação espacial trata de dados espaciais e não espaciais, devendo a definição dos tipos de dados espaciais ser encerrada no âmbito das operações que lhes são aplicáveis.
- Os dados são altamente estruturados pela noção de agregação de objectos.
- A existência de operações definidas pelo utilizador que requerem um sistema extensível
    modelo subjacente.
- As funções existem tanto a um baixo nível de abstração (por exemplo, funções sobre pontos, linhas e polígonos) como a um alto nível de abstração (por exemplo, funções sobre mapas e configurações).
- A quantidade de dados é normalmente muito grande (por exemplo, informações de contorno no SIG) e a captura dos dados gráficos é dispendiosa.
- Os tipos de dados espaciais são grandes em quantidade, complexos em estruturas como linhas, polígonos e relações.
- Os operadores espaciais são frequentemente mais complexos do que os operadores numéricos, como a intersecção, a adjacência e a contenção.
- É difícil definir uma ordem espacial para objectos espaciais.

3.3 Consulta espacial

Uma consulta espacial [63] é um tipo especial de consulta de base de dados suportado por bases de dados espaciais e geodatabases. As consultas diferem das consultas SQL não espaciais em vários aspectos importantes. Duas das mais importantes são o facto de permitirem a utilização de tipos de dados geométricos como pontos, linhas e polígonos e o facto de estas consultas considerarem a relação espacial entre estas geometrias. Os tipos de consultas espaciais são as consultas de gama espacial, as consultas de vizinhos mais próximos e as consultas de junção espacial, a consulta de gama, a consulta de agregação de vizinhos mais próximos, a consulta de localização óptima, a consulta de caminho mais rápido, a consulta de linha do horizonte, etc.

Os motores de pesquisa na Web baseados em palavras-chave mudaram radicalmente muitos aspectos das nossas vidas, pois permitem que os utilizadores comuns tenham acesso fácil a uma quantidade sem precedentes de informações úteis na Web. Devido à popularidade da pesquisa por palavra-chave, em especial na Internet, muitas destas aplicações permitem ao utilizador fornecer uma lista de palavras-chave que os objectos espaciais devem conter, no seu nome ou descrição ou categorias, denominada pesquisa por palavra-chave espacial. A pesquisa espacial por palavra-chave é também uma consulta por palavra-chave associada a uma localização geográfica. Estas consultas são úteis para limitar os resultados da pesquisa a objectos próximos da localização da consulta e são também designadas por pesquisa local pelos motores de pesquisa. Para além da sua aplicação nos motores de busca, a pesquisa espacial por palavra-chave também está na base de aplicações de serviços baseados na localização.

A pesquisa espacial por palavras-chave é uma ferramenta importante para explorar informações úteis de uma base de dados espaciais e tem sido estudada há anos. A pesquisa espacial por palavras-chave numa base de dados espacial tem sido estudada há anos devido à sua importância para os motores de pesquisa comerciais. Uma consulta por palavra-chave espacial recupera objectos que se encontram perto da localização da consulta e que correspondem às palavras-chave da consulta. Os resultados são normalmente classificados de acordo com uma função de pontuação que considera tanto a proximidade espacial como a pontuação da relevância da palavra-chave. A relevância espacial é medida pela distância entre a localização associada ao documento candidato e a localização da consulta, e a relevância textual é considerada textualmente relevante para uma consulta se o objeto contiver as palavras-chave consultadas.

As consultas por palavras-chave espaciais estão a ser suportadas em aplicações reais, como o Google Maps, onde podem ser recuperados pontos de interesse, o Foursquare, onde podem ser recuperados documentos com marcas geográficas, e o Twitter, onde podem ser recuperados tweets. A consulta por palavras-chave espaciais está também a suscitar um interesse crescente na comunidade científica, tendo sido proposta uma série de técnicas para o processamento eficiente de consultas por palavras-chave espaciais. Três tipos de consultas de palavras-chave espaciais estão a receber especial atenção, nomeadamente a consulta Booleana kNN, a consulta top-k kNN e a consulta Booleana de intervalo. Ilustramo-las com definições de problemas e exemplos, como se segue:

Cada objeto geo-textual tem um ponto de localização com latitude, longitude e uma descrição de texto, e consideramos três tipos de consultas espaciais por palavras-chave comuns nesses objectos. Seja D um conjunto de dados geo-textuais. Cada objeto espacial $o \in D$ é definido como um par *(o.p,o.y/)*, em que $o.\rho$ é um ponto geográfico bidimensional e *o.is* é um documento de texto. Estudamos o desempenho do processamento de três tipos de consultas espaciais populares por palavra-chave, nomeadamente a consulta Booleana por intervalo (BRQ), a consulta Booleana kNN (BkQ) e a consulta top-k kNN (TkQ) [91].

1. Consulta de gama booleana (BRQ) : Dada uma BRQ $q = (\psi, r)$ em que $q.\psi$ é um conjunto de palavras-chave e $q.r$ é uma região espacial, o resultado de q, q(D), é um subconjunto de D que contém objectos tais que $\forall o \in q(D)(o.\rho \in q.r \wedge q.\psi \subseteq o.\psi)$. *Por*

outras palavras, o BRQ recupera objectos que contêm todas as palavras-chave da consulta e que pertencem à região da consulta. Os objectos resultantes não são ordenados. No entanto, a BRQ pode ser facilmente modificada para classificar os objectos resultantes com base na sua relevância textual, e é fácil alargar os algoritmos de processamento de consultas para o conseguir. Por exemplo, "Recuperar os k objectos mais próximos da localização atual do utilizador (representada por um ponto), de tal forma que a descrição textual de cada objeto contenha as palavras-chave banco, centro comercial, marca de mobiliário".

2. Consulta Booleana kNN (BkQ): Uma consulta BRQ $q = (\psi, \rho, k)$ tem três argumentos, em que $q.\psi$ é um conjunto de palavras-chave, $q.\rho$ é um ponto de consulta espacial e $q.k$ é o número de objectos a recuperar. O resultado de BkQ, $q(D)$, é um conjunto de k objectos, cada um dos quais cobre todas as palavras-chave em qo- Os objectos são ordenados de acordo com as suas distâncias a $q.p$. Formalmente, $o \in q(D) ((\nexists o' \in D\ q(D))$ $(dist(o'.\rho, q.\rho) \leq dist(o.\rho, q.\rho)) \wedge q.\psi \subseteq o'.\psi)$ Por exemplo, "Recuperar os k objectos com as pontuações mais elevadas, medidas como uma combinação da sua distância à localização da consulta (um ponto) e a relevância da sua descrição textual para as palavras-chave de consulta banco, centro comercial e marca de mobiliário".

3. Consulta Top-k kNN (TkQ): Uma consulta TkQ $q = $ uma pontuação (ψ, ρ, k) que leva em consideração a proximidade espacial e a relevância do texto. Especificamente, a pontuação de classificação do objeto o para uma TkQ q é definida na equação: $ST(o, q) = \alpha\ s\ SDist(o.\rho, q.\rho) + (1 - \alpha) - TRel\ (o.\psi, q.\psi)$, onde $SDist(o.p, q.p)$ é a proximidade espacial entre o.p e $q.p$, $TRel$ (o.ψ, q. ψ) é a relevância de texto entre o.ψ e $q.\psi$ e $\alpha \in [0, 1]$ é um parâmetro de preferência de consulta que permite equilibrar a proximidade espacial e a relevância de texto. Por exemplo, "Recuperar todos os objectos cuja descrição textual contenha as palavras-chave banco, centro comercial, marca de mobiliário e cuja localização esteja a menos de 3 km da localização da consulta". A proximidade espacial é definida como a distância euclidiana normalizada: $SDist(o.\rho, q.p)$ $disl(o.p, q.pi\ distmax,$ onde $dist(o.p,$ q.ρ) é a distância euclidiana entre o e q, $edistmax$ é a distância máxima entre quaisquer dois objectos em D. A relevância do texto TRel (o.ψ, q. ψ) pode ser calculada usando um modelo de recuperação de informação, como o modelo de linguagem, similaridade de cosseno, ou BM25, e é normalizada para uma escala semelhante à proximidade.

Esta secção descreve a teoria básica da consulta espacial e discute três tipos comuns de consultas espaciais por palavra-chave para compreender a estrutura e o enunciado do problema das consultas espaciais por palavra-chave.

CAPÍTULO 4
CONTEXTO TEÓRICO DA KD-TREE E DA CORRESPONDÊNCIA APROXIMADA DE CADEIAS

Este capítulo descreve a visão geral do índice disponível, as consultas e o método. Este capítulo também aborda a visão geral da estrutura da árvore kd e descreve a consulta de intervalos e a correspondência aproximada de cadeias de caracteres. Pode ajudar a compreender facilmente o sistema proposto.

4.1 Visão geral da Kd-tree

A kd-tree é uma estrutura proposta por Bentley [50] que generaliza a árvore de pesquisa binária para múltiplas dimensões. Friedman, Bentley e Finked [49] introduziram árvores kd adaptativas e mostraram que esta estrutura é muito eficaz na pesquisa do vizinho mais próximo e na pesquisa de intervalos. Embora tenham sido criados muitos tipos diferentes de árvores kd, a sua estratégia essencial consiste em decompor hierarquicamente o espaço num número relativamente pequeno de células, de modo a que nenhuma célula contenha demasiados objectos de entrada. Isto proporciona uma forma rápida de aceder a qualquer objeto de entrada por posição. A aplicação de árvores kd tem o efeito de dividir o espaço k numa coleção de hiper-rectângulos irregulares, cada um com a propriedade de ser aproximadamente cúbico e de conter quase o mesmo número de pontos. Isto ultrapassa o problema das células vazias que limita severamente o desempenho da pesquisa com grelhas regulares.

A kd-tree é uma generalização da árvore de pesquisa binária utilizada para ordenação e pesquisa. É uma estrutura de dados conveniente porque suporta um grande conjunto de operações com algoritmos relativamente simples e oferece compromissos razoáveis em termos de requisitos de tempo e espaço. Por este motivo, esta estrutura de dados foi adoptada como base para o nosso trabalho. Uma árvore kd é uma estrutura de dados de partição de espaço bem conhecida para armazenar pontos de um espaço de dimensão K. Esta estrutura de dados é fácil de compreender e implementar, pode ser convenientemente actualizada e mantida, e é útil para pesquisas que envolvam chaves multidimensionais. Além disso, é adequada para outras pesquisas, como pesquisas de intervalos ortogonais, pesquisas de correspondências parciais e pesquisas de vizinhos mais próximos, entre outras. Uma árvore kd pode ser usada para particionamento de espaço como uma árvore de particionamento de espaço binário (BSP). Isto é feito encontrando o ponto mediano de todos os vértices de um nó e definindo um plano com base na profundidade atual da árvore.

Consideremos um conjunto de chaves K-dimensionais (digamos, matrizes de tamanho k começando em 0) que queremos armazenar. Cada nó da árvore kd tem associada uma das chaves e um discriminante. Cada discriminante é um número inteiro entre 0 e k -1. Inicialmente, a raiz representa todo o espaço. Seja x a chave na raiz e seja i o seu discriminante. De seguida, o espaço é particionado em duas regiões relativamente a x[i]. Todas as chaves y com y[i] < x[i] vão para a subárvore esquerda, e todas as chaves com y[i] < x[i] vão para a subárvore direita. O mesmo método de partição do espaço é aplicado recursivamente a todas as sub-árvores, até se chegar a árvores vazias. O discriminante em

17

cada nó é escolhido alternando as coordenadas de cada nível, começando em 0: usamos a dimensão 0 na raiz, depois a dimensão 1, depois a dimensão 2, ..., depois a dimensão k -1, depois a dimensão 0 novamente, etc.

A Figura 4.1 mostra a construção de uma árvore kd para o espaço de pontos de dados P, em que cada ponto em P tem um conjunto de dimensões $\{d_1, d_2, d_3 ... d_n\}$. A árvore percorre cada dimensão com um número de níveis crescente (ou seja, o nível 0 divide a árvore na dimensão 1, o nível 1 divide a árvore na dimensão 2, etc.). Na kd-tree, os pontos de dados são divididos em dois subconjuntos de dimensão aproximadamente igual [11]; um subconjunto contém os pontos mais pequenos ou iguais ao valor de divisão, o outro subconjunto contém os pontos maiores do que o valor de divisão.

O valor da divisão é armazenado na raiz e os dois subconjuntos são armazenados recursivamente.

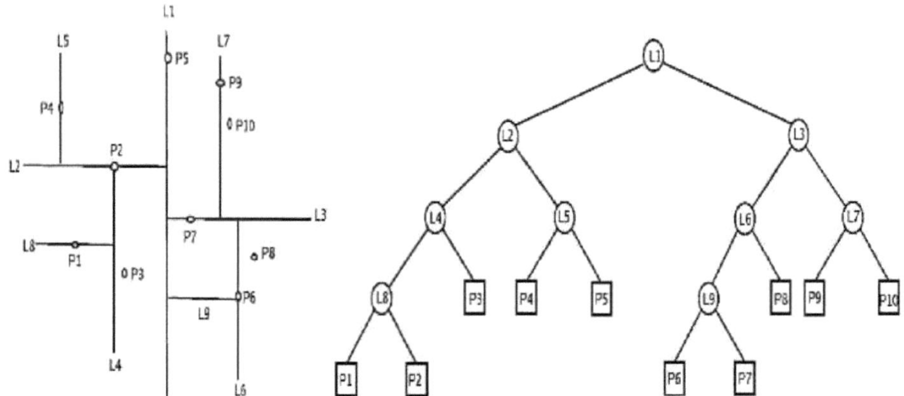

Figura 4.1 Construção de uma árvore Kd bidimensional

4.2 Visão geral da pesquisa de intervalo

Esta secção descreve a visão geral da consulta do vizinho mais próximo, que procura os pontos mais próximos do ponto de consulta; a consulta do vizinho mais próximo agregado, que recupera os pontos de dados com a menor soma de distâncias a todos os pontos de consulta num grupo de consulta; e a consulta de intervalo, que recupera todos os pontos dentro de um determinado intervalo em torno do ponto de consulta.

Na sua forma mais geral, o problema da pesquisa de intervalos consiste em pré-processar um conjunto S de objectos, a fim de determinar quais os objectos de S que se intersectam com um objeto de consulta, designado por intervalo. A pesquisa de intervalos é um dos tópicos mais fundamentais das bases de dados espaciais e da geometria computacional. O problema da pesquisa de intervalos encontra aplicações não só em áreas que lidam com o processamento de dados geométricos (como os sistemas de informação geográfica (SIG) e CAD), mas também em bases de dados. Nesta classe de problemas, a entrada consiste num conjunto de objectos geométricos, como pontos, segmentos de reta, rectângulos, etc. As gamas mais frequentemente consideradas são os rectângulos paralelos aos eixos, os meios-espaços, os pontos, os símplices e as esferas [64].

Considere-se um conjunto P de pontos em R^n ; o problema da pesquisa geométrica de intervalos consiste em pré-processar (eficientemente) P de modo a que, para qualquer intervalo de consulta *q,* a informação relativa aos pontos em P ∩ q possa ser comunicada eficientemente. A natureza exacta desta informação depende do tipo de problema de pesquisa de intervalos. Na comunicação de intervalos, estamos interessados em enumerar eficientemente todos os pontos P ∩ q. Na *contagem de intervalos,* estamos interessados em comunicar a dimensão da intersecção, |P ∩q|. Os problemas de *vazio de intervalo* são problemas de decisão em que estamos interessados em determinar se o intervalo de consulta *q* contém pelo menos um ponto. Finalmente, os problemas *de otimização de intervalos* estão interessados em encontrar um único melhor ponto no intervalo de consulta em relação a algum critério [73].

Os objectos espaciais num determinado intervalo de consulta podem ser recuperados utilizando a consulta de intervalo espacial, que é um dos tipos de consulta mais utilizados nos SIG e nas bases de dados espaciais. As consultas sobre o intervalo espacial são consultas que indagam sobre determinados objectos espaciais relacionados com outros objectos espaciais a uma determinada distância. O predicado de distância destas consultas pode ser abstraído da seguinte forma D_{min} < distância (A, B) $<= D_{max}$, em que D_{min} e Dmax são variáveis de distância e distância é uma função para encontrar a distância entre dois objectos A e B. O caso distância (A, B) $<= D_{max}$ pode ser considerado um caso especial em que $D_{min} = 0$. Numa consulta de intervalo, pelo menos um atributo é especificado como um intervalo em vez de um valor. Um exemplo de uma consulta de intervalo simples é encontrar todas as cidades dentro de 50 milhas de Minneapolis. Uma consulta mais complexa seria encontrar todos os lagos num raio de 50 milhas de qualquer grande cidade de um estado. Aqui, primeiro temos que encontrar todas as cidades grandes. Em seguida, encontrar todos os lagos próximos a essas cidades.

Uma consulta de intervalo em aplicações de bases de dados espaciais pode ser formalmente definida da seguinte forma: Seja R uma dada região retangular de consulta representada por dois pontos, Pll e Pur, em que Pll = (x1, y1) e Pur = (x2, y2). Pll e Pur referem-se ao canto inferior esquerdo e ao canto superior direito de R, respetivamente. Dado um conjunto de objectos S e uma região R, a consulta de alcance espacial encontra todos os objectos de S em R [73].

4.3 . Visão geral da correspondência aproximada de cadeias de caracteres

A correspondência de cadeias de caracteres tem um papel essencial em muitas áreas da computação. Os programas raramente completam tarefas sem efetuar alguns tipos de manipulação ou correspondência de cadeias de caracteres. Enquanto os programas simples podem basear-se em instruções básicas if e switch para validar a legitimidade dos dados introduzidos pelo utilizador e dos dados recebidos, os programas com maior complexidade necessitam frequentemente de técnicas mais avançadas de correspondência de cadeias de caracteres para realizar as tarefas. Podemos dividir os algoritmos de string matching em duas categorias: string matching exato e string matching aproximado. A necessidade de um string matching exato é evidente no nosso quotidiano. Os algoritmos de emparelhamento exato de cadeias de caracteres têm sido investigados e estudados extensivamente nas últimas décadas. Estes algoritmos constituem a base para o estudo de algoritmos mais avançados de emparelhamento aproximado de cadeias de caracteres.

A necessidade de efetuar uma correspondência aproximada de cadeias de caracteres não é imediatamente óbvia. De um modo geral, a correspondência aproximada de cadeias de caracteres consiste em fazer corresponder cadeias de caracteres com uma margem de erro atribuída. Permite-nos fazer coisas que a correspondência exacta de cadeias não consegue fazer sozinha. Muitas vezes, os dados tornam-se erróneos ou corrompidos devido a erro humano ou má qualidade na transmissão da rede. Por vezes, os dados simplesmente mudam com o tempo. Por exemplo, uma fusão entre duas empresas pode tornar inválido o nome de uma empresa antiga. Uma língua pode evoluir tanto ao longo dos séculos que algumas palavras se tornam obsoletas ou inadequadas. Como resultado destes erros e alterações ao longo do tempo, perdem-se dados importantes simplesmente porque não os conseguimos recuperar. As técnicas de correspondência aproximada de cadeias de caracteres podem ser utilizadas para resolver estes problemas, permitindo uma margem de erro no processo de correspondência.

Em informática, a correspondência aproximada de cadeias de caracteres (muitas vezes designada coloquialmente por pesquisa difusa de cadeias de caracteres) é a técnica de encontrar cadeias de caracteres que correspondem aproximadamente (e não exatamente) a um padrão. Por vezes, é necessário localizar dados sem informações exactas sobre o assunto. Isto pode dever-se a uma série de razões, como a mudança de pessoal ou dados corrompidos. É nestas situações que as técnicas de correspondência aproximada de cadeias de caracteres podem ser úteis. A correspondência aproximada de cadeias de caracteres é também conhecida como correspondência inexacta de cadeias de caracteres ou correspondência de cadeias de caracteres com erros k. Ao permitir uma margem de erro pré-determinada no resultado da pesquisa, é possível obter mais registos relevantes. No entanto, uma margem de erro demasiado grande pode levar a que o resultado da pesquisa contenha um número avassalador de dados irrelevantes.

O problema da correspondência aproximada de cadeias de caracteres é normalmente dividido em dois subproblemas: encontrar correspondências aproximadas de subcadeias dentro de uma dada cadeia e encontrar cadeias de dicionário que correspondam aproximadamente ao padrão. A proximidade de uma correspondência é medida em termos do número de operações primitivas necessárias para converter a cadeia numa correspondência exacta. Este número é designado por distância de edição entre a cadeia e o padrão. As operações primitivas habituais são: inserção, eliminação e substituição. Estas três operações podem ser generalizadas como formas de substituição, adicionando um carácter NULL sempre que um carácter tenha sido apagado ou inserido. Alguns combinadores aproximados também tratam a transposição, em que as posições de duas letras na cadeia são trocadas, como uma operação primitiva.

Tradicionalmente, os algoritmos de correspondência aproximada de cadeias de caracteres são classificados em duas categorias: em linha e fora de linha. Nos algoritmos em linha, o padrão pode ser processado antes da pesquisa, mas o texto não. Por outras palavras, as técnicas em linha efectuam pesquisas sem um índice. Os primeiros algoritmos de correspondência aproximada em linha foram sugeridos por Wagner e Fisher [63]. Ambos os algoritmos se baseiam na programação dinâmica, mas resolvem problemas diferentes. O algoritmo de Sellers procura aproximadamente uma substring num texto, enquanto o algoritmo de Wagner e Fisher calcula a distância de Levenshtein, sendo adequado apenas para a pesquisa difusa de dicionários. Até há pouco tempo, a aplicação mais comum dos combinadores aproximados era a verificação ortográfica. Com a disponibilidade de grandes quantidades de dados de ADN, a correspondência de sequências de nucleótidos tornou-se uma aplicação importante.

4.3.1 Definição do problema

O problema da correspondência aproximada de cadeias de caracteres pode ser definido como: Dados T, P, k e d ( ), determinar o conjunto de todas as substrings em T tais que d (P, *T[i. .j])* < *k, em que*

      k = o número máximo de erros permitido

      a = o nível de erro = k / m

      d( ) = a função de distância

A distância d(x, y) é o custo mínimo de transformar a corda x em stringy. Dado 0< k < m < n, podemos concluir que 0 < a < 1. Uma medida interessante é o nível de erro máximo, denotado por a*. Sem a*, um nível de erro demasiado elevado levaria a que quase todas as posições do texto correspondessem ao padrão. Por conseguinte, estamos interessados em permitir erros apenas até a* [59].

4.3.2 Editar distância entre duas strings

A distância de edição entre uma cadeia de texto e uma cadeia de padrões sobre um alfabeto é o número mínimo de diferenças entre elas. Uma diferença é uma das seguintes.

- Um carácter do padrão corresponde a um carácter diferente do texto.
- Um carácter do texto não corresponde a nenhum carácter do padrão.
- Um carácter do padrão não corresponde a nenhum carácter do texto.

O conceito de distância é normalmente utilizado para medir a semelhança (ou diferenças) entre duas cadeias de caracteres x e y. Quanto mais semelhantes forem as duas cadeias de caracteres, menor é a distância. Basicamente, a distância entre x e y é uma medida do número mínimo de operações necessárias para transformar x em y. São utilizados quatro tipos de manipulação de cadeias de caracteres para medir a distância entre duas cadeias, incluindo inserção, eliminação, substituição (reposição) e transposição. Dependendo dos requisitos da aplicação, o custo de cada operação pode variar. Por exemplo, a operação de transposição pode ter um custo mais elevado para um programa de deteção de vírus do que para um corretor ortográfico.

A distância de edição entre o padrão e o texto pode ser calculada de forma eficiente através de vários algoritmos. Existem vários tipos de funções de distância. As mais comuns incluem a distância de Hamming, a distância de edição e a distância da mais longa subsequência comum. A distância de Hamming permite que a distância de edição entre o padrão e o texto possa ser calculada de forma eficiente por meio de vários algoritmos para apenas a substituição com uma unidade de custo por operação. A distância de Hamming entre duas cadeias de caracteres x e y de igual comprimento é definida como o número de posições com caracteres não correspondentes nas duas cadeias de caracteres. Referimo-nos à correspondência aproximada de cadeias de caracteres como correspondência de cadeias de caracteres com k não coincidências sempre que d é a distância de Hamming. A distância de edição, também conhecida como distância de Levenshtein, entre as cadeias x e y, não necessariamente do mesmo comprimento, é definida como o número mínimo de diferenças entre as duas cadeias e permite inserções, eliminações e substituições, com uma unidade de custo cada. A mais longa subsequência comum permite apenas inserções e eliminações, sendo a distância o número de caracteres não emparelhados.

CAPÍTULO 5
RESULTADOS DA APLICAÇÃO E DA AVALIAÇÃO

Este capítulo apresenta as descrições pormenorizadas das etapas de implementação e dos algoritmos necessários para criar um índice geo-textual utilizando tanto o índice espacial como a informação de texto. Este capítulo descreve, em primeiro lugar, as etapas da criação de um índice híbrido. Além disso, é discutida a arquitetura do sistema. Em seguida, descreve-se a gama de palavras-chave que o índice proposto responde. Por fim, são também mencionados os algoritmos necessários e as etapas de implementação.

5.1 Estrutura do índice geo-textual

Este sistema pretende criar uma estrutura de índice que possa processar eficazmente as consultas por palavras-chave espaciais. Para responder à consulta por palavra-chave espacial, este sistema cria um índice geo-textual combinando a árvore kd para a localização espacial e os dados textuais para as palavras-chave. Neste sistema proposto, a kd-tree é combinada de forma flexível com dados textuais. A árvore Kd é utilizada para consultas espaciais e os dados textuais são utilizados para informações sobre palavras-chave.

Para cada nó da árvore kd, é criado um ficheiro invertido para indexar os componentes de texto dos objectos contidos no nó. A árvore Kd (abreviatura de árvore k-dimensional) é uma estrutura de dados de divisão espacial para organizar pontos num espaço k-dimensional. Um nó na árvore serve tanto para representar um ponto de dados real como para indicar a direção da pesquisa. É utilizado um discriminador para indicar a chave da qual depende a decisão de ramificação. Cada nível da árvore kd divide o espaço em duas partições. Um nó P tem dois filhos, um filho esquerdo leftson (P) e um filho direito rightson (P). Como a kd-tree é um esquema de indexação baseado em pontos, a kd-tree não pode causar transbordamento de nós, pelo que não precisa de ser ajustada e reorganizada. Além disso, não pode causar sobreposição de área, área de cobertura e espaço morto como ocorre na construção da árvore R. Estas são as razões pelas quais a kd-tree é utilizada como índice espacial ou de localização nesta investigação para criar dados geo-textuais.

5.1.1 Desenvolvimento de uma estrutura de índice geo-textual

Para desenvolver a estrutura de índice proposta, é utilizada principalmente a estrutura básica da árvore kd. Antes de criar a estrutura de índice geo-textual proposta, é necessário recolher o próprio conjunto de dados, criar um par de dados espaciais e textuais e, finalmente, criar a estrutura de índice proposta.

5.1.1.1 Criar conjunto de dados

O próprio conjunto de dados foi criado para a região central de Rangum, incluindo cerca de vinte municípios. O sistema recolhe dados do Google Earth, Myanmar Explorer e Myanmar Life para obter informações mais pormenorizadas sobre os serviços

23

disponíveis.

Em primeiro lugar, foram recolhidos cerca de 5000 objectos que contêm 80 serviços na região de Rangum no ano de 2013-2014. O quadro 5.1 mostra todos os serviços disponíveis neste sistema. O nome dos serviços, a localização em latitude e longitude, o endereço e o número de telefone de cada serviço são guardados. Em seguida, a base de dados é criada utilizando o MySQL 5.1 e os dados recolhidos são guardados.

Tabela 5.1 Serviços disponíveis

Agriculture Equipment Sale	Art Gallery	ATM Machines	Audio Tape Sales
Bank	Book Dealer	Bridal Dress Hire and Sale	Camera Sale Center
Camera Service Centers	Calendar Shop	Car Dealer	Car Rental
Car Servicing	CD Sales	Charities	Churches
Cinema	Computer and Accessories Sale Centers	Computer Service Centers	Container Services
Courts	Delivery Services	Diary Shops	Diesel Filling Stations
Embassies	Eye Clinic	Fertilizers Sale	Fire Stations
Furniture Mart	Garden	Gas Filling Stations	Gemstone Pictures Sale
Gift Shop	Gold Shop	Goldsmith	Golf Courses and Clubs
Golf Equipment Store	Health Centers	Hospital	Hotel
Inn	Jewellery Shop	Laundry Services	Libraries
Market	Mobile Shops	Model Agency	Meditation Centers
Monastery	Museum	Music Production	Musical Instrument
NGO Organizations	Optical Goods Sale	Pagoda	Park
Pet Shops	Petrol Filling Stations	Pilgrimage Tour Services	Police Stations
Post Offices	Poster Shops	Private Hostels	Private Scholl
Radio Stations	Restaurants	Rubber Stamp Service	Rubber Block Service
Shopping Center	Sport Clubs	Sports Ground	Stadiums
Super Markets	Shipping Agents	Swimming Pool	Truck Dealer
Truck Rental	TV Stations	Universities	Veterinary Clinic

5.1.1.2 Construção de índices geo-textuais

Nesta etapa, o geotexto é construído para todo o conjunto de dados para gerar pontos bidimensionais para os dados.

A árvore de índices geo-textuais pode ser construída com o procedimento apresentado no algoritmo BUILDGEOTEXTUAL na Figura 5.1. Este algoritmo tem dois parâmetros: um conjunto de pontos que pode tratar pontos de coordenadas e o conjunto de valores correspondentes e um número inteiro.

O primeiro parâmetro é o conjunto de dados para o qual se pretende construir a árvore de índices; inicialmente, este é o conjunto de dados P. O segundo parâmetro é a profundidade da árvore para recursão ou, por outras palavras, a profundidade da raiz da sub-árvore que a chamada recursiva constrói.

O parâmetro de profundidade é zero na primeira chamada. A profundidade é utilizada para determinar se a divisão é efectuada com uma linha vertical ou horizontal. A saída é a árvore geo-textual com os pontos de P.

Algorithm: BUILDGEOTEXTUAL (P, *depth*)

Input: a set of points that can handle coordinate points and corresponding value set P and the current depth *depth*.

Output: The root of a index storing P.

1. **if** P contains only one point

2.   **then return** a leaf storing this point

3.   **else if** *depth is even*

4.   **then** Split P into two subsets with a vertical line l through the median latitude-coordinate of the points in P. Let P_1 be the set of points to the left of l or on l, and let P_2 be the set of points to the right of l.

   else Split P into two subsets with a horizontal line l through the median longitude-coordinate of the points in P. Let P_1 be the set of points below l or on l, and let P_2 be the set of points above l.

5. $v_{left} \leftarrow$ BUILDGEOTEXTUAL (P_1, *depth*+1)

6. $v_{right} \leftarrow$ BUILDGEOTEXTUAL (P_2, *depth*+1)

7.   Create a node v storing l, make v_{left} the left child of v, and make v_{right} the right child of v.

8.   **return** v

Figure 5.1 Construção de índices geo-textuais

Figure 5.2 mostra o índice geo-textual proposto após a utilização do algoritmo de construção do índice BUILDGEOTEXTUAL. Cada ponto de coordenadas tem os seus dados textuais correspondentes. Na secção seguinte, são descritos a arquitetura e os diagramas de fluxo do sistema.

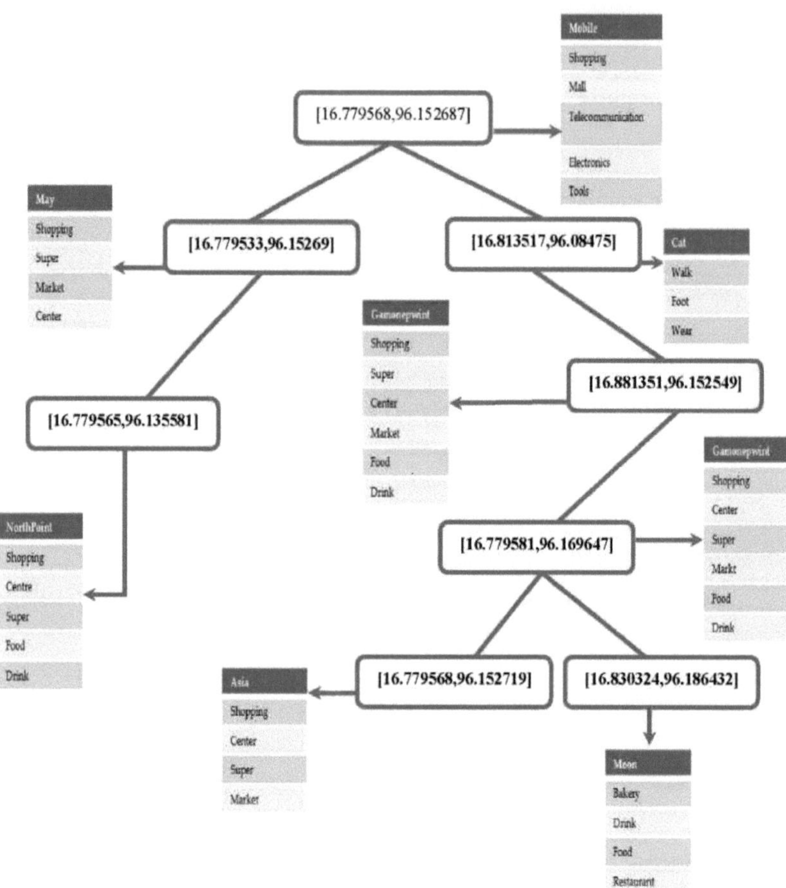

Figure 5.2   Índice geo-textual

5.2 Arquitetura do sistema

Este sistema foi desenvolvido como uma aplicação Web. Para satisfazer as necessidades dos utilizadores, utiliza uma abordagem baseada no cliente para obter a localização atual do utilizador, enquanto a abordagem convencional cliente/servidor é utilizada para processar as consultas por palavras-chave espaciais.

O principal objetivo deste sistema é dar respostas mais relevantes aos utilizadores com base na sua localização atual e nas palavras-chave requeridas. O sistema não considera os serviços que não são relevantes para a distância da localização do utilizador e não satisfaz o limiar aproximado de pesquisa por palavra-chave para a pesquisa por palavra-chave.

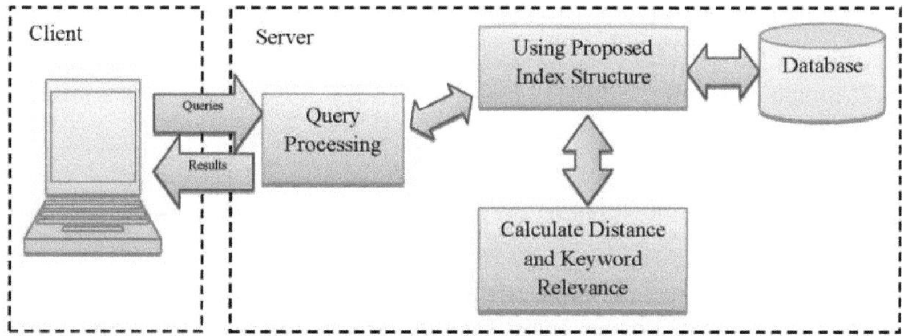

Figure 5.3 Arquitetura do Sistema

O Google Maps é utilizado como infraestrutura para obter a localização geográfica do utilizador clicando na interface do Google Map. Isto permite-nos obter a localização atual do utilizador sem necessitar de qualquer dispositivo GPS que possa fornecer a posição de latitude e longitude do utilizador.

Em seguida, o utilizador tem de especificar a palavra-chave pretendida e o tipo de consulta desejado e enviar essa consulta para o servidor para ser processada através da operação HTTP post. No lado do servidor, os objectos espaciais com texto são indexados pela estrutura de índice geo-textual proposta.

Dependendo dos dados de consulta do utilizador, o sistema calcula a distância e a relevância das palavras-chave utilizando a estrutura de índice proposta e os resultados são enviados para o navegador do cliente e apresenta informações detalhadas sobre os resultados utilizando o Google Maps no navegador ou cliente dos utilizadores. Os utilizadores podem clicar nos objectos relevantes apresentados no mapa para obterem informações mais detalhadas.

O lado do navegador nos computadores fornece interfaces aos utilizadores para gerar as consultas necessárias e visualizar os objectos devolvidos no navegador Web. Este componente apresenta um mapa e fornece interacções com o mapa utilizando a API do Google Maps. A interface do utilizador foi concebida para a consulta por palavras-chave. Uma vez recebida pelo servidor a consulta requerida pelo utilizador, o processamento da consulta é iniciado utilizando o índice proposto.

De acordo com a escolha do utilizador na interface do utilizador, o processamento da consulta pode ser diferente.

Na interface do utilizador, a pesquisa por palavra-chave é efectuada para a consulta de intervalos. Em primeiro lugar, o utilizador tem de introduzir a localização atual, a palavra-chave pretendida e tem de escolher o número de objectos pretendidos ou o intervalo pretendido e o tipo de classificação para o resultado. Em função da escolha do utilizador, o sistema calcula os pontos de delimitação do intervalo pretendido pelo utilizador.

Em seguida, o sistema verifica e calcula a aproximação para a palavra-chave pretendida. Se as palavras-chave necessárias estiverem presentes, o sistema continuará a calcular a distância entre a localização da consulta e a localização do objeto a partir dos resultados dos pontos de delimitação. Caso contrário, esse objeto é rejeitado e, em seguida, verifica os objectos seguintes até não haver mais nenhum ponto nos resultados dos pontos de delimitação.

Todos os passos acima referidos são efectuados utilizando a estrutura de índice proposta. Dependendo dos resultados do índice proposto, o sistema efectua os restantes passos.

Para as consultas de pesquisa por palavra-chave, o sistema pode classificar os resultados de acordo com a pontuação de relevância da palavra-chave, dependendo do número de palavras-chave correspondentes e pode classificar os resultados de acordo com a pontuação de relevância da distância, por ordem ascendente, dependendo da distância entre a localização da consulta e os objectos.

5.3 Consulta por palavra-chave de intervalo

Utilizando a estrutura de índice geo-textual proposta, o sistema pode responder a uma consulta por palavra-chave de alcance. Esta secção abordará os problemas da consulta, o método comum e o algoritmo para responder a essa consulta.

5.3.1 Algoritmo de pesquisa por palavra-chave de intervalo

O algoritmo da Figura 5.4 é um procedimento de pesquisa de intervalo de palavras-chave. O procedimento RANGEKEYWORDSEARCH devolve todos os pontos 'p' tais que d (q.loc,p.loc) < Q.range e HAMMING (p.keyword, q.keyword) < t (limiares t=(comprimento de q.keyword /2)-1). O procedimento COMPUTEBOUNDINGBOXES ( ) calcula as caixas delimitadoras lBB e rBB para a sub-árvore esquerda e para a sub-árvore direita, respetivamente.

O procedimento INTERSECTS ( ) indica se a caixa delimitadora BB intersecta a região que satisfaz as restrições de distância de alcance. Se a intersecção não for vazia, a sub-árvore a ser explorada. O procedimento DistânciaCírculoGrande (q.loc,p.loc) calcula a distância entre dois pontos utilizando a distância do círculo grande. O procedimento HAMMING (p.palavra-chave, q.palavra-chave) calcula a distância de edição entre a palavra-chave de entrada e cada palavra-chave de ponto.

5.3.2 Distância entre duas localizações

O cálculo da distância entre pontos de localização é frequentemente uma componente importante da pesquisa de proximidade espacial. Para as bases de dados espaciais e outros tipos de bases de dados, a determinação da distância entre localizações é frequentemente de grande interesse.

A distância entre dois pontos no espaço euclidiano é o comprimento de uma linha reta entre eles, mas na esfera não existem linhas rectas. Na geometria não-euclidiana, as linhas rectas são substituídas por geodésicas. Este sistema utiliza normalmente a distância do grande círculo para calcular a distância entre o ponto de consulta e os pontos de resultado para todas as consultas disponíveis.

```
Algorithm: Range Keyword Search
- - - - - - - - - - - - - - - - - - - - - - - - - - - - - -

Input: Range Query Q :
Output: All objects within given range that contain required keywords;
pq: priority queue
earth_radius<-6371;
threshold <- (Q.keyword/2)-1;
BB<- BoundPoints(Q.loc,Q.range,earth_radius);
RANGEKEYWORDSEARCH (Q.keyword,T,BB,Q.loc,Q.range);
    if T=leaf then return
    p<-T.key;  i<-T.discr;
    distance <- GreatCircleDistance(Q.loc,p.loc);
    edit_distance<-HAMMING(p.keyword,Q.keyword)
    if distance ≤ r and edit_distance ≤ threshold then
        pq.add (p,distance,edit_distance);
    COMPUTEBOUNDINGBOXES (lBB,rBB,p[i],i);
    if INTERSECTS (lBB,Q.loc,Q.range) then
        RANGEKEYWORDSEARCH (Q.keyword, T.left, lBB, Q.loc, Q.range);
    if INTERSECTS (rBB,Q.loc,Q.range) then
        RANGEKEYWORDSEARCH(keyword, T.right, rBB, Q.loc, Q.range);
    return pq;
```

Figura 5.4 Algoritmo de pesquisa por palavra-chave de intervalo

5.3.2.1 Grande Círculo

O grande círculo das esferas é o maior círculo que se pode traçar na superfície da esfera. Corta a esfera em duas metades iguais (hemisfério). Quando um plano passa pelo centro de uma esfera, a intersecção desse plano com a esfera é uma grande circunferência.

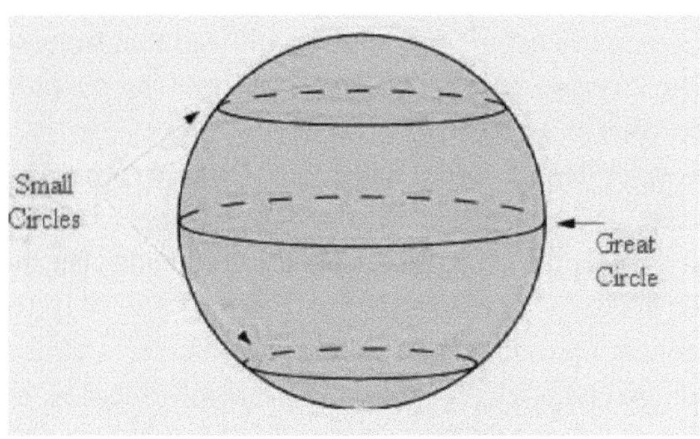

Figure 5.4   Grande Círculo

5.3.2.2 Definição de Grande Círculo

Uma circunferência descrita pela intersecção da superfície de uma esfera com um plano que passa pelo centro da esfera. Assim, as grandes circunferências são sempre bissectrizes da esfera. O diâmetro de uma grande circunferência coincide com o diâmetro da esfera e, portanto, todas as grandes circunferências têm a mesma circunferência entre si e têm o mesmo centro que a esfera.

5.3.2. 3Propriedades do Grande Círculo

Seguem-se algumas das propriedades dos grandes círculos:

-É o maior círculo desenhado na esfera

-O grande círculo é uma linha reta na secção de projeção geométrica.

-Todas as esferas têm um grande círculo.

-O grande círculo é o caminho mais curto entre dois pontos da superfície de uma esfera (por exemplo: a Terra).

-É também chamado de círculo Riemanniano ou ortódromo.

5.3.2.4 Fórmula do Grande Círculo

A distância mais curta (a geodésica) entre dois pontos P1 e P2 na superfície de uma esfera de raio R é a distância ortodrómica. A distância ortodrómica é a distância mais curta entre dois pontos na superfície de uma esfera, medida ao longo da superfície da esfera (por oposição a uma linha reta que atravessa o interior da esfera). Os dois pontos separam o grande círculo em dois arcos. O comprimento do arco mais curto é a distância do grande círculo entre os pontos.

Sejam ϕ, λ_{11} e ϕ_2, λ_2 a latitude e a longitude geográficas de dois pontos 1 e 2, e $\Delta\phi$, $\Delta\lambda$ as suas diferenças absolutas; então $\Delta\sigma$, o ângulo central entre eles é dado pela lei esférica dos cossenos:

$$\Delta\sigma = \arccos\left(\sin\phi_1\sin\phi_2 + \cos\phi_1\cos\phi_2\cos\Delta\lambda\right). \qquad (5.1)$$

A distância d, ou seja, o comprimento do arco, para uma esfera de raio r e $\Delta\sigma$ dado em radianos $d = r\Delta\sigma$.

O equador da Terra é um exemplo de grande círculo. O grande círculo não é utilizado apenas na geometria esférica. É também utilizado na trigonometria esférica. As regras do seno e do cosseno são utilizadas para resolver os problemas básicos de determinação de direcções na superfície da Terra.

5.3.3 Método de correspondência aproximada de cadeias de caracteres

Este sistema também considera a forma de responder aos erros de digitação dos utilizadores ou à inconsistência da palavra-chave introduzida. Há muitos métodos para lidar com este tipo de erros.

A correspondência aproximada de cadeias de caracteres também é importante na pesquisa espacial de palavras-chave para fornecer informações exactas e úteis aos utilizadores, embora estes não conheçam a ortografia correcta ou os erros de digitação da palavra-chave pretendida.

A distância de Hamming entre duas cadeias de caracteres de igual comprimento é o número de posições em que os símbolos correspondentes são diferentes. Por outras palavras, mede o número mínimo de substituições necessárias para transformar uma cadeia na outra, ou o número mínimo de erros que poderiam ter transformado uma cadeia na outra. Por exemplo, a distância de Hamming entre: "bank" e "land" é 2 e "Hospital" e "Hospatil" é 2. A distância de Hamming H é definida apenas para cadeias com o mesmo comprimento.

Para comparar cadeias de caracteres de diferentes comprimentos ou cadeias de caracteres em que se esperam não só substituições mas também inserções ou supressões, é mais adequada uma métrica mais sofisticada como a distância de Levenshtein. Mas a distância de Levenshtein não é adequada para todas as palavras a comparar. Por exemplo, o utilizador pede "Hospital", mas o sistema produzirá "Hospital" e "Hotel", porque a diferença entre "Hospital" e "Hotel" é de 4, o que é adequado para o limiar (comprimento da palavra requerida dividido por 2). Assim, a distância de Levenshtein nem sempre é adequada para todas as palavras.

Este sistema utiliza a distância de Hamming modificada para tratar esses erros, mesmo que duas cadeias de caracteres não tenham o mesmo comprimento. A distância de Hamming modificada é normalmente utilizada em três tipos de consultas disponíveis neste sistema.

A distância de Hamming modificada modifica a distância de Hamming original para comparar duas cadeias de caracteres de comprimento arbitrário, ou seja, com comprimentos diferentes.

A distância de Hamming modificada calcula não só a diferença entre os comprimentos das duas cadeias, mas também a diferença entre os números das posições em que os caracteres correspondentes são diferentes, para responder corretamente à correspondência aproximada das cadeias. O tempo de correspondência de cadeias é o mesmo que o da distância de Hamming original, mas é mais útil para a pesquisa aproximada de palavras-chave.

O algoritmo da distância de Hamming modificado da Figura 5.6 começa por verificar se a cadeia de entrada e a cadeia do índice têm o mesmo comprimento. Se as duas sequências não tiverem o mesmo comprimento, guarda a diferença de contagem de palavras entre as duas sequências.

Em seguida, verifica se cada palavra das duas cadeias tem o mesmo carácter na mesma posição. Se os caracteres forem diferentes, adiciona a diferença de contagem à diferença de contagem de palavras anterior e verifica novamente até ao fim da cadeia. Se as duas cadeias tiverem o mesmo comprimento, escapa-se ao passo de subtração das cadeias e verifica-se se cada palavra das duas cadeias tem o mesmo carácter na mesma posição ou não até ao fim da cadeia. No final, devolve a distância entre as duas cadeias de caracteres.

```
Algorithm: Modified Hamming Distance
Input: An array s1[0....n-1] of n characters representing stored text and
       An array s2[0....m-1] of m characters representing query string
Output: distance between two strings
HAMMING (s1[0..,n-1], s2[0...,m-1])
distance <- 0;
if s1.length>s2.length then
        distance<-s1.length-s2.length;
        strlength<-s2.length;
else
        distance<-s2.length-s1.length;
        strlength<-s1.length;
end if
j<-0;
while j<strlength do
        if s1[j]!=s2[j] then
                distance<-distance+1;
        end if
        j<-j+1;
return distance;
```

Figura 5.6 Algoritmo da distância de Hamming modificado

5.4 Desempenho e avaliação do sistema

Este sistema foi implementado e testado com cerca de 5000 objectos, incluindo 80 serviços. O sistema é composto por um lado cliente e um lado servidor. Ambos são implementados com Java servlet numa máquina com processador Intel(R) Core(TM) i5 2430M (2,40 GHz) com 4 GB de memória e sistema operativo Windows-7 de 32 bits. Cada consulta foi executada 20 vezes e o tempo médio foi registado como resultado da avaliação.

5.4.1 Tempo de processamento

O tempo de processamento das consultas disponíveis é registado como hora de início e de fim de cada etapa. Entre o tempo total de processamento, o tempo de pesquisa e processamento no tempo proposto é inferior ao tempo de seleção dos objectos de resultado final da base de dados. Assim, estes resultados experimentais mostram que a utilização da estrutura de índice proposta é eficiente em termos de tempo. O tempo de processamento varia consoante o tipo de consulta. Para cada tipo de processamento, o tempo é calculado da seguinte forma

$$T_p = T_{index} + T_{db} \tag{5.2}$$

Em que T_p = Tempo total de processamento

T_{index} = Tempo de cálculo e pesquisa no índice proposto

T_{db} = Tempo de processamento da base de dados para resultados detalhados

A Figura 5.7 mostra o processamento de uma consulta por palavra-chave de alcance. Este tempo varia em função do número de palavras-chave requeridas e do alcance requerido em quilómetros (km). Este sistema permite que os utilizadores pesquisem num raio de 1, 2, 3, 4 e 5 quilómetros.

32

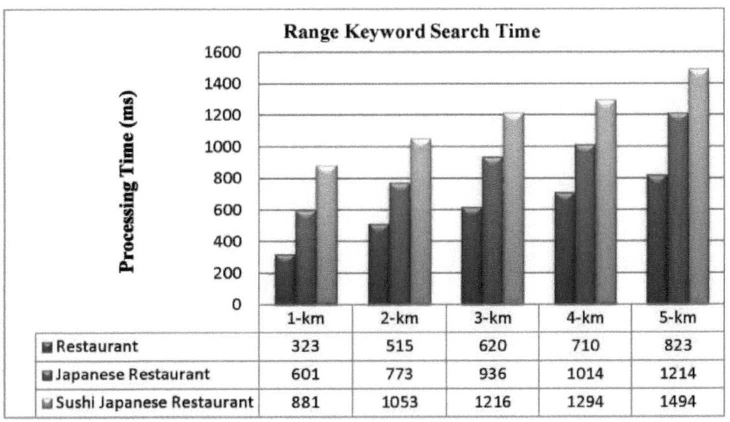

	1-km	2-km	3-km	4-km	5-km
Restaurant	323	515	620	710	823
Japanese Restaurant	601	773	936	1014	1214
Sushi Japanese Restaurant	881	1053	1216	1294	1494

Figura 5.7 Tempo de pesquisa de palavras-chave de intervalo

5.4.3 Avaliação comparativa

Nesta secção, foi descrita a análise comparativa do índice geo-textual proposto e de outro índice que utilizou a combinação da árvore R e do índice invertido, denominado árvore IR. O índice geo-textual proposto utiliza principalmente a árvore Kd e o índice invertido para reduzir o tempo de pesquisa, o custo de IO e de CPU e o custo de visitas desnecessárias a nós, que ocorrem na árvore IR. A árvore Kd baseia-se no método de partição espacial disjunta. A estrutura de índice proposta e a árvore de IR são construídas utilizando os mesmos 5000 dados. A consulta por palavra-chave de intervalo é testada tanto na estrutura de índice proposta como na árvore de IR. São utilizados os mesmos fluxos de processamento em ambas as estruturas de índice. A Figura 5.8 mostra a comparação do tempo de processamento para pesquisar uma palavra-chave utilizando ambas as estruturas de índice em milhões de segundos.

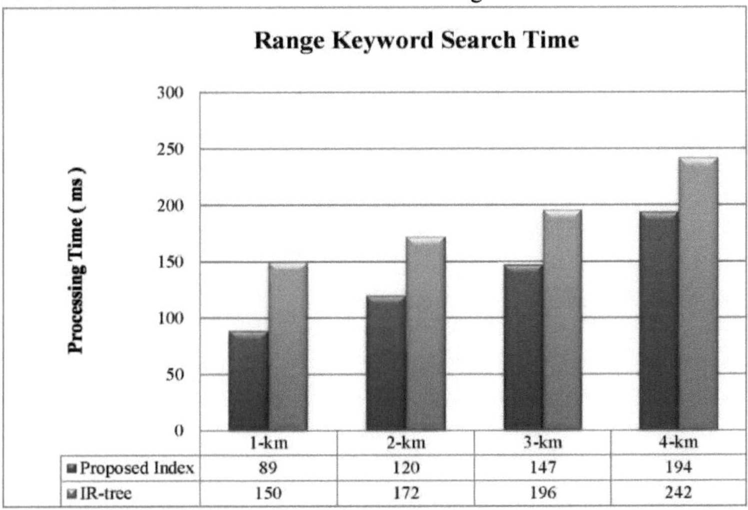

	1-km	2-km	3-km	4-km
Proposed Index	89	120	147	194
IR-tree	150	172	196	242

Figura 5.8 Comparações de tempo de pesquisa de palavras-chave de intervalo para uma palavra-chave

33

CAPÍTULO 6
CONCLUSÃO E EXTENSÃO FUTURA

Esta tese concentrou-se no sistema de pesquisa de palavras-chave espaciais utilizando uma estrutura de índice geo-textual. O objetivo desta tese é estudar a localização espacial e a sua distância, como pesquisar corretamente a palavra-chave requerida pelo utilizador e como responder à consulta de intervalo de palavras-chave espaciais de forma rápida e eficiente sem consumir tempo.

6.1 Conclusão

Existe uma grande quantidade de informação baseada na localização gerada e utilizada por muitas aplicações. Um dos objectivos dos investigadores de SIG é obter facilmente essas informações baseadas na localização. Os utilizadores deste sistema baseado na localização com dados textuais e dados de localização necessitam frequentemente de consultar o sistema, fornecendo requisitos sobre uma localização e palavras-chave, a fim de encontrar objectos ou documentos relevantes. A consulta consiste numa localização espacial e num conjunto de palavras-chave. De acordo com a consulta, o sistema tem de produzir os resultados adequados com a maior relevância espacial e textual. Uma indexação espácio-textual eficaz ajudará a garantir que todos os resultados relevantes sejam recuperados. Além disso, nestes sistemas, a palavra-chave digitada pelo utilizador ou a palavra-chave requerida pode conter erros inesperados, erros ortográficos ou incertezas. O tratamento deste tipo de erros também é importante para o cálculo da relevância textual.

Este sistema propôs uma estrutura de índice geo-textual que pode responder a consultas que contenham dados espaciais e textuais. A estrutura de índice proposta utilizou principalmente a kd-tree para os dados de localização. Ao utilizar a kd-tree para a localização, a estrutura de índice proposta não pode causar sobreposição de área e área de cobertura, pelo que pode reduzir o tempo de pesquisa na área de sobreposição e reduzir o custo de visitas desnecessárias aos nós. Além disso, a estrutura de índice proposta não pode causar o transbordo de nós, pelo que não é necessário reorganizar os dados textuais e os dados espaciais e pode reduzir o custo de atualização. Por estas razões, a estrutura de índice proposta pode reduzir os custos de IO e de CPU. Para lidar com os erros ou inconsistências das palavras-chave digitadas pelo utilizador, este sistema utilizou a abordagem da distância de Hamming modificada. Esta abordagem permite procurar a palavra-chave mais próxima da palavra-chave pretendida pelo utilizador. Embora o tempo de pesquisa de cadeias de caracteres seja o mesmo que o da distância de Hamming original, o resultado é mais exato do que o original.

Os resultados experimentais mostraram os resultados das consultas disponíveis em termos de tempo de pesquisa em milissegundos. De acordo com os resultados experimentais, o tempo necessário para procurar diretamente na base de dados é muito longo. Além disso, o tempo de pesquisa dos resultados necessários que satisfazem os requisitos do utilizador a partir da estrutura de índice proposta é muito inferior ao tempo de pesquisa de alguns resultados da base de dados para obter informações mais pormenorizadas. A vantagem de utilizar uma estrutura de índice entre o processamento da consulta e a base de dados é reduzir o tempo de pesquisa. O tempo de pesquisa para a pesquisa de intervalos pode ser diferente consoante a localização atual do utilizador. Se a localização atual do utilizador for no centro da cidade ou tiver muitos serviços, o tempo de pesquisa para todas as consultas é mais longo do que no local com menos serviços.

Este sistema pode ter problemas se o sistema permitir a inserção, atualização e eliminação dinâmicas de objectos durante o tempo de execução. Além disso, a kd-tree só é adequada para uma ou duas dimensões para reduzir o tempo de pesquisa. Para objectos de três ou mais dimensões, a kd-tree não é adequada, pelo que é necessário considerar outro tipo de estrutura em árvore para reduzir o tempo de pesquisa.

6.2 Extensão adicional

Este trabalho abre uma série de direcções promissoras para as investigações em curso. Esta investigação calcula a distância entre duas localizações utilizando a distância do grande círculo sem considerar a qualidade das instalações. Como trabalho em curso, tentar-se-á responder à questão da preferência espacial que considera a qualidade das instalações na sua vizinhança espacial na distância da rede rodoviária real, que é definida pela distância do caminho mais curto. Além disso, esta investigação considerou a localização estática do utilizador, pelo que a localização do utilizador será considerada como um objeto em movimento contínuo utilizando a estrutura de índice proposta como trabalho futuro. Tal como a pesquisa por palavra-chave neste sistema, pode considerar-se uma pesquisa antecipada que devolva objectos espaciais cujos nomes ou descrições sejam complementos válidos da cadeia de consulta digitada até ao momento e que tenham a melhor classificação em termos de proximidade da localização do utilizador.

BIBLIOGRAFIA

[1]   P. K. Agarwal, A. Efrat e S. Sankararaman, "Nearest Neighbor Search under Uncertainty", PODS, 2012.

[2]   S. Alsubaiee e C. Li, "Fuzzy Keyword Search on Spatial Database", DASFAA, 2010.

[3]   S. Alsubaiee, A. Behm, C. Li, "Supporting Location-Based Approximate- Keyword Queries", ACM GIS, 2010.

[4]   E. Amitay, N. Har'El, R. Sivan e A. Soffer, "Web-a-Where: Geotagging Web Content", SIGIR, pp.273-280, 2004.

[5]   L. Arge e K. G. Larsen, "Estrutura de dados espaciais eficiente em termos de IO para consultas de intervalos", 2010.

[6]   W. D. Bae, S. Alkobaisi, S. H. Kim e S. Narayanappa, "Web Data Retrieval Solving Spatial Range Queries using K-Nearest Neighbor Searches", Springer, 2007.

[7]   K. Balasaravanan, K. Duraiswamy, "Bayesian nearest Neighbor Search in a Spatial Database", IJAIS, Vol.1, No.7, pp.7-10, 2012.

[8]   N. Bechmann, H. Kriegel, R. Schneider, e B. Seeger, "The R*-tree: An Efficient and Robust Access Method for Points and Rectangles", ACM, pp. 322-331, 1990.

[9]   J. L. Bentley e J. H. Friedman, "A Survey of Algorithms and Data Structures for Range Searching", 1978.

[10] J. L. Bentley e M. I. Shamos, "A Problem in Multivariate Statistics: Algorithm, Data

Structure, and Applications", Proceedings of the fifteenth Allerton Conference on Communication, Control and Computing, pp. 193201.

[11] J. L. Bentley, "Multidimensional Binary Search Trees Used for Associative Searching", ACM, 18(9), pp. 509-517, 1975.

[12] J. L. Bentley, "A survey of techniques for fixed radius near neighbor searching", SLAC-186, 1975.

[13] J. L. Bentley, 0. F. Stanat, e E. H, "The Complexity of Near Neighbor Searching", pp.209-212, 1977.

[14] M. D. Berg, O. Cheong, M. V. Kreveld, e M. Overmars, "Computational Geometry: Algorithms and Applications", Springer, 2008.

[15] K. S. Bogh, A. Skovsgaard, e C. S. Jensen, "GroupFinder: A New Approach to Top-k Point of Interest Group Retrieval", VLDB, Vol.6, No.12, 2013.

[16] C. Bohm, F. Krebs, "High Performance Data Mining Using the Nearest Neighbor Join", ICDM, 2002.

[17] B. Braumuller, M. Ester, H. Kriegel, J. Sander, "Efficiently Supporting Multiple Similarity Queries for Mining in Metric Databases", ICDE, 2000.

[18] X. Cao, G. Cong, C. S. Jensen, Q. Qu, A. Skovsgarrd, D. Wu, e M.L. Yiu, "Collective Spatial Keyword Querying", SIGMOD, pp.373-384, 2011.

[19] A. Cary, O. Wolfson, e N. Rishe, "Efficient and Scalable Method for Processing Top-k Spatial Boolean Quereis", SSDBM, pp. 87-95, 2010.

[20] Y. Chen, J. M. Petel, "Efficient Evaluation of All Nearest Neighbor Queries", 2006.

[21] Y. Chen, T. Suel, e A. Markowetz, "Efficient Query Processing in Geographic Web Search Engines", SIGMOD, pp. 277-288, 2006.

[22] G. Cong, C. S. Jensen, e D. Wu, "Efficient Retrieval of the Top-k Most Relevant Spatial Web Objects", PVLDB, 2(1), pp. 337-348, 2009.

[23] H. Ding, G. Trajcevski, P. Scheuermann, X. Wang, e E. Keogh, "Querying and Mining of Time Series Data: Experimental Comparison of Representations and Distance Measures", VLDB '08, Vol. 1, pp. 1542-1552, 2008.

[24] H. G. Elmongui, M. F. Mokbel e W. G. Aref, "Continuous Aggregate Nearest Neighbor Queries", Springer, 2011.

[25] I. D.Felipe, V. Hristidis, e N.Rishe, "Keyword Search on Spatial Database", ICDE, pp. 656-665, 2008.

[26] J. H. Friedman, J. L. Bently, R. A. Finkel, "An Algorithm for Finding Best Matchs in Logarithmic Time", ACM, 1976.

[27] J. H. Friedman e L. J. Shustek, "An Algorithm for Finding Nearest Neighbors", IEEE, C-24, 10, pp. 1000-1006, 1975.

[28] J. H. Friedman, J. L. Bentley, e A. A. Finkel, "An Algorithm for Finding Best Matches in Logarithmic Time", ACM, pp. 209-226, 1977.

[29] L. A. George, N. A. Ali, "Finding Nearest Neighbor Index in Spatial Database", Journal of Al-Nahrain University, Vol.12, No.4, pp.212-216, 2009.

[30] R. Gobel, A. Henrich, R. Niemann e D. Blank, "A Hybrid Index Structure for Geo-textual Searches", CIKM, pp.1625-1628, 2009.

[31]   M.T. Goodrich, J.J. Tsay, D.E. Vengroff e S. Vitter, "Geometria computacional de memória externa", FOCS, 1993.

[32]   A. Guttman, "R-trees: A dynamic Index Structure for Spatial Searching", SIGMOD, pp.47-57, 1984.

[33]   Y. Gu, G. Yu, Y. Xiaonan, "Um método eficiente para a pesquisa do vizinho mais próximo k em bases de dados espaciais obstruídas", 2012.

[34]   K. Hajebi, Y. Abbasi, H. Shahbazi e H. Zhang, "Fast Approximate Nearest Neighbor Search with k-Nearest Neighbor Graph", 2007.

[35]   C. H. Hamilton, "Estrutura de dados de pesquisa de intervalos com localidade de cache", 2011.

[36]   R. Hariharan, B. Hore, C.Li e S. Mehrotra, "Processing Spatial-Keyword (SK) Queries in Geographic Information Retrieval (GIR) Systems", SSDBM, pp.450-447, 2007.

[37]   T. Hering, "Parallel Execution of KNN-Queries on in-memory Kd-trees" (Execução paralela de consultas KNN em árvores Kd na memória), pp. 257-266, 2011.

[38]   S. Hideki, "Approximately Searching Aggregate k-Nearest Neighbors on Remote Spatial Databases Using Representative Query Points", Springer, pp. 91-102, 2012.

[39]   G. R. Hjaltason e H. Samet, "Incremental Distance Join Algorithms for Spatial Databases", SIGMOD, 1998.

[40]   G. R. Hjaltason e H. Samet, "Distance Browsing in Spatial Databases", ACM, Vol.24, No.2, pp. 265-318, 1999.

[41]   H. Htoo, Y. Ohsawa, N. Sonehara e M. Sakauchi, "Aggregate Nearest Neighbor Search Methods Using SSMTA* Algorithm on Road Network", 2010.

[42]   T. J. Joslin, "Quality Preference Spatial Approximate String Search", IJSR, Vol.3, Issue. 6, pp. 1730-1734, 2014.

[43]   H. M. Kakde, "Range Searching using Kd Tree", 2005.

[44]   N. Katayama e S. Satoh, "The SR-tree, an Index Structure for Highdimensional Nearest Neighbor Queries", SIGMOD, pp.369-380, 1997.

[45]   L. H. Keng, "Approximate String Matching With Dynamic Programming and Suffix Trees", Tese e Desserção da UNF, 2006.

[46]   A. Khodaei, C. Shahabi e J. Feng, "Hybrid Indexing and Seamless Ranking of Spatial and Textual Features of Web Documents", DEXA, pp. 450-466, 2010.

[47]   N. Koudas, B. Ooi e K. Zhang, "Consultas NN aproximadas em fluxos com erro garantido e limite de desempenho", VLDB, 2004.

[48]   H. P. Kriegel, P. Kunath, e M. Renz, "Probabilistic Nearest- Neighbor Query on Uncertain Objects," DASFAA, pp. 337-348, 2007.

[49]   S. Krishnaveni, S. P. Tamizhselvi, "Indexação e classificação em bases de dados espaciais", Journal of Computer Applications, Vol.5, Issue EICA2012-5, 2012.

[50]   A. Kundu e E. Bertino, "Structural Signatures for Tree Data Structures" (Assinaturas estruturais para estruturas de dados em árvore), VLDB '08, 2008.

[51]   H. T. Kung, F. Luccio, e F. P. Preparata, "On Finding the Maxima of a Set of Vectors", Journal of ACM, Vol.22, No.4, pp. 469-476, 1975.

[52]   G. Li, J. Feng, e J. Xu," Desks: Direction aware Spatial Keyword Search", ICDE, pp.

474-485, 2012.

[53] Y. C. Liaw, "Evaluation of Fast K-Nearest Neighbor Search Methods Using Real Datasets" (Avaliação de métodos de pesquisa rápida do vizinho mais próximo utilizando conjuntos de dados reais), 2011.

[54] J. Lu, Y. Lu, e G. Cong, "Reverse Spatial and Textual K Nearest Neighbor Search", SIGMOD, pp.349-360, 2011.

[55] L. Y. Man, D. Xiangyuan, M. Nikos, V. Michail, "Too-k Spatial Preference Queries", 2009.

[56] L. Y. Man, N. Mamoulis e D. Papadias, "Aggregate Nearest Neighbor Queries in Road Networks", IEEE, Vol. 17, No.6, 2005.

[57] B. Martins, M. J. Silva e L. Andrade, "Indexação e Classificação em Sistemas de Geo IR", GIR, pp.31-34, 2005.

[58] J.P. Matuschek, "Encontrar pontos a uma distância de uma latitude/longitude utilizando coordenadas de fronteira".

[59] K. Mouratidis e M. L. Yiu, "Anonymous Query Processing", IEEE, Vol. 22, No. 1, 2010.

[60] K. Mouratidis, H. Marios e D. Papadias, "Conceptual Partitioning: An Efficient Method for Continuous Nearest Neighbor Monitoring", SIGMOD, 2005.

[61] K. Mouratidis, L. Y. Man e D. Papadias, "Continuous Nearest Neighbor Monitoring in Road Networks", VLDB' 06, 2006.

[62] B. C. Ooi, R. S. Davis e J. Han, "Indexação em bases de dados espaciais".

[63] H. Pang e K. Mouratidis, "Authenticating the Query Results of Text Search Engines", VLDB '08, 2008.

[64] R. Panigrafia, "Nearest Neighbor Search using Kd-tree", 2006.

[65] D. Papadias, "Hill climbing algorithms for content-based retrieval of similar configurations", ACM SIGIR, pp. 240-247, 2000.

[66] D. Papadias, J. Zhang, N. Mamoulis, e Y. Tao, "Query Processing in Spatial Network Databases", VLDB, pp. 802-813, 2003.

[67] D. Papadias, Q. Shen, Y. Tao e K. Mouratidis, "Group Nearest Neighbor Queries", 20th ICDE, pp. 301-312, 2004.

[68] D. Papadias, Y. Tao, K. Mouratidis e C. K. Hui, "Aggregate Nearest Neighbor Quereis in Spatial Databases", ACM, Vol 30, No.2, pp. 529-576, 2005.

[69] S. Papadopoulos, S. Bakiras, D. Papadias, "Nearest Neighbor Search with Strong Location Pravicy", VLDB, Vol.3, No.1, 2010.

[70] R. Paredes e E. Chvez, "Using the k-Nearest Neighbor Graph For Proximity Searching in Metric Spaces", SPIRE '05, pp.127-138, 2005.

[71] H. Parvin, H. Alizadeh e B. M. Bidgoli, "MKNN: Modified K-Nearest Neighbor", WCECS, 2008.

[72] H. Peter, "The Theory and Computation of Evolutionary Distances: Pattern Recognition", Journal of Algorithms, Vol.1, No.4, pp.350-373, 1980.

[73] M. M. Pons-crespo, "Conceção, análise e implementação de novas variantes de Kd-trees", 2010.

[74]   L. Qin, X. Y. Jeffery, B. Ding e Y. Ishikawa, "Monitoring K-Nearest Neighbor Queries in Road Network", 2008.

[75]   P. Rigaux, M. Scholl e A. Voisard, "Spatial Database with Application to GIS", 2002.

[76]   J. B. Rocha-Junior, O. Gkorgkas, S. Jonassen e K. Norvag, "Efficient Processing of Top-k Spatial Keyword Queries", SSTD, pp. 205-222, 2011.

[77]   J. B. Rocha-Junior, A. Vlachou, C. Doulkeridis, e K. Norvag, "Efficient processing of Top-k Spatial Preference Queries", Proceedings of the VLDB, Vol.4, No. 2, pp.93-104, 2010.

[78]   A. Rodriguez, "Inconsistency Issues in Spatial Databases" (Questões de inconsistência em bases de dados espaciais).

[79]   S. B. Roy, K. Chakrabarti, "Location-aware Type Ahead Search on Spatial Databases: Semantics and Efficiency", SIGMOD, 2011.

[80]   M. Safar, "Group K-Nearest Neighbors Queries in Spatial Network Databases", Journal of Geographical System, Vol. 10, No.4, pp. 407-416, 2008.

[81]   R. Sagawa, T. Masuda, K. Ikeuchi, "Effective Nearest Neighbor Search for Aligning and Merging Range Images", 2009.

[82]   H. Samet, J. Sankaranarayanan e H. Alborzi, "Scalable Network Distance Browsing in Spatial Databases", Conferência ACM SIGMOD, pp. 43-54. 2008.

[83]   M. Sanderson c J. Kohlcr, "Analyzing Gcographic Qucrics", Workshop SIGIR, 2004.

[84]   H. Shin, B. Moon, e S. Lee, "Adaptive Multi-Stage Distance Join Processing", SIGMOD, pp. 343-- 354, 2000.

[85]   S. Sridharank, "Busca eficiente de cadeias de caracteres estimadas em banco de dados espaciais", IJOSER, Vol.2, Issue. 4, 2014.

[86]   Y. Sun, Q. Jianzhong, Y. Zheng e R. Zhang, "K-Nearest Neighbor Temporal Aggregate Queries", EDBT, 2015.

[87]   Y. Tao, D. Papadias, Q. Shen, "Continuous Nearest Neighbor Search", VLDB, 2002.

[88]   S. Vaid, C. B. Jones, H. Hoho, e M. Sanderson, "Spatio-textual Indexing for Geographical Search on the Web", SSID, pp. 218-235, 2005.

[89]   A. Velicanu e S. Olaru, "Otimização das bases de dados espaciais", IJIE, Vol. 14, No.2, pp. 61-71, 2010.

[90]   R. Wagner, M. Fischer, "The String to String Correction Pattern", Journal of the ACM, n.º 21, pp. 168-173, 1974.

[91]   D. Wu, G. Cong e M. L. Yiu e C. S. Jensen, "Joint Top-k Spatial Keyword Query Porcessing", IEEE TKDE, Vol.24, No. 10, pp. 1889-1903, 2012.

[92]   D. Wu, M. L. Yiu, C. S. Jensen e G. Cong, "Efficient Continuously Moving Top-k Spatial Kyeword Query Processing", ICDE, pp.541-552, 2011.

[93]   L. Yang, L. Feifei, Y. Ke, B. Yao e M. Wang, "Flexible Aggregate Similarity Search", SIGMOD, 2011.

[94]   B. Yao, F. Li, M. Hadjieleftheriou, e K. Hou, "Approximate String Search in Spatial Database", ICDE, 2010.

[95]   L. Yifan, J. Yang e J. Han, "Continuous K-Nearest Neighbor Search for Moving Objects", 2003.

[96]   J. S. Yoo, S. Shekhar, "In Rout Nearest Neighbor Queries", 2006.

[97]   X. Yu, K. Pu e N. Koudas, "Monitoring K-Nearest Neighbor Queries Over Moving Objects", ICDE, 2005.

[98]   G. Yunjun, B. Zheng, G. Chen, L. Qing e G. Xiaofa, "Processamento contínuo de consultas ao vizinho mais próximo visível em bases de dados espaciais", 2011.

[99]   G. Yunjun, B. Zheng, G. Chen e L. Qing, "On Efficient Mutual Nearest Neighbor Query Processing in Spatial Database", Data and Knowledge Engineering 68, pp.705-727, 2009.

[100] G. Yuval, "Finding Nearest Neighbors in K-dimensional Space", pp. 113-114, 1975.

[101] D. Zhang, K. L Tan, A. K. H. Tung, "Scalable Top-k Spatial Keyword Search", ACM, pp. 14-21, 2013.

[102] D. Zhang, Y. M. Chee, A. Mondal, A. K. H. Tung e M. Kitsuregawa, "Keyword Search in Spatial Database: Towards Searching by Documents", ICDE, pp. 688-699, 2009.

[103] J. Zhang, N. Mamoulis, D. Papadias, Y . Tao, "All Nearest Neighbors Queries in Spatial Database", SSDBM, 2004.

[104] Y. Zhou, X. Xie, C. Wang, Y. Gong, e W-Y. Ma, "Hybrid Index Structure for Location-based Web Search", CIKM, pp.155-162, 2005.

[105] Greate Circle Distance, http://www.GreatCircle_GreatCircleProperties_Math.htm

ÍNDICE DE CONTEÚDOS: